おしゃれなおばあさんになる本

SETSUKO TAMURA

著

田村セツコ

興陽館

おしゃれなおばあさんになる本

年をとるほど
素敵でおしゃれになりましょう！

こんにちは。イラストレーターの田村セツコです。

いつのまにか、年をとっておばあさんと呼ばれる年になってわかったことは、たくさんの面白いことや楽しいことが、魔法のように増えてきたことです。

私は、子供のころからずっとおばあさんになりたかった。

どうしてって？

おばあさんになれば、素敵なことがたくさん増えてくるのがわかっていたから。そして、その通りになっています。

最近では、おばあさんっぷりが板についてきましたね、と言われたりしていますよ。

でも、世の中の女性たち。

自分のことを「おばあさん」って呼ばれて傷ついたり、しょんぼりしているみたい。

気持ちはいつまでも若いつもりだったのに、いつのまにか「おばあさん」と呼ばれてガッカリしている。

なんてもったいない！

しょんぼりしている場合ではありません。

私は年をとることはとても素敵なことで、面白いことで、楽しいことだと思いますよ。

ファッションも服も暮らしも、年を重ねてからのよさがあります。

生き方だってもちろんそう。
おしゃれな自分をもっともっと楽しみましょう！

おしゃれなおばあさん。
可愛いおばあさん。
かっこいいおばあさん。

この本では、おしゃれのちょっとしたコツや、お金のかからないおしゃれの楽しみ方、毎日の過ごし方など、いくつになっても、はじめようと思えばはじめられるおしゃれについて書いてみました。
これから、私なりに考える「おしゃれなおばあさんになる方法」を、お話ししていきたいと思います。

おしゃれなおばあさんになる本

目次

1

おしゃれに流行はいらない!

流行は一部だけを取り入れる

ファッションや流行って、全体じゃなくて、一部を取り入れるのが楽しい。

自分が、社会にいくらか参加している感じがしていいと思います。

今年は紫が流行色だって発表されたら、スカーフにだけ紫をあしらってみるとか。

そういうふうに、流行の一部分を使えばいいと思うんですよね。

ヨーロッパに行ったりすると、おばあさんでも、部分的に派手なものをチラリとのぞかせているんだけど、逆にそれがすごくシックなの。

取って省く、みたいな感じ。

ヨーロッパのおばあさんって、おしゃれな人が多いですね。

やっぱり、人生の楽しみっていうか考え方っていうか、心がけがちょっと違うみたいなのね。

人から笑われないように、つつましい格好をしているような雰囲気はあったと思うんですけれど。

若い人は若さだけで綺麗じゃない？

だからおばあさんは、それを補うために、マスカラやマニキュアを綺麗に塗っていたり、いい指輪をしていたりする。

カフェなんかでも、別に誰と会うわけでもないんだけど、すっごくシックな格好をしているのね。一人でコーヒーとかワインを飲んで。

手抜きがないみたい。

自分に対して諦めてないっていうか、自分を大切にしているんじゃないかしら。

彼女たちはいまは一人でいるけれど、これまでの人生で、夫や子供も含めて、いろいろな人と付き合ってきているわけよね。

ちゃんとやってきたという誇りみたいなものを持っている。

それがおしゃれの仕上げになっているような気がするの。

人に見せるためじゃなくて、自分に対しての誇りなのかなあと思ったりする。

人と比べて、いいハンドバッグを持っているとか、腕時計がどうとか、そういう気持ちはないみたい。

自分は自分というか、そういう感じがしますね。

長年の経験が磨かれて、おしゃれも上手になってきてね。

それと、自分を甘やかさないっていうことがあると思います。

「もういいの。私、年だから」という甘えがない。

おばあさんって、だらしのない格好で外へ出て行っても許されるじゃない？

社会が優しいから。

だけど、そういう甘えを許さない感じがするわね。ビシッとしてるのよ。

若いときは誰かを見習うような気持ちがあって、自分が勉強中っていう意識があるけど、おばあさんは仕上がっちゃってるから、自分の好みでOKなんじゃない？

おばあさんにモデルはいらないわ。

自分のスタイリストになる

買ったものは、あまり捨てないですね。
やっぱり一目惚れで買うから。
バッグなんかも、つい買っちゃったりする。
それを二つ組み合わせて、変わったポシェットを作ってみたり。
街なかをお散歩するとヒントがいっぱい。
お店も見るけど人間も見る。
いい例も悪い例もあるでしょう?

「あぁいうのはちょっとやだなあ」って思ったり、「なんか、あの着こなしは粋でいいわね」とかね。

人のことを見ていると、すごく参考になるの。

「私は何を着ても似合わない」とか言う人、よくいるわよね。

それはもったいない。

自分を捨てちゃってるようなもんでしょ。

せっかく生きてきて命があるんだから。命に対して申し訳ないから。

いっぱい自分を励ましてあげなくちゃもったいない。

夫とか恋人とか、日本人の男の人はそういうことが苦手みたいですよね。

だから、やっぱり自分で責任を持って、自分の面倒を見てあげるのがいいんじゃないかしら。

ファッション・コーディネーターやスタイリストっているじゃない？

自分が自分のスタイリストになってみたらどうかしら。

自分をモデルにして、「この人どう？」って客観的に見るの。
自分がプロのスタイリストだったら、この人どうしてあげようかしらって。
そうしたら客観的に自分自身を見ることができると思います。
鏡を見たり、ハンガーに掛けて眺めてみたりして。
「メリハリがないわね。どこかにちょっとアクセントをつけたらどうかしら」
とか。
やっぱり自分であれこれ工夫するのが一番楽しい。
自分は何を着ても似合わないって？
誰にでもきっと似合う服があるはず。
これは似合わないとか頭で決めてしまわないで、一度チャレンジしてみて。
「おためし」は「発見」の楽しみにつながります。

自然と若く見える方法

おしゃれな服って、結局は自分で工夫して作り上げるもの。

あなたが自分を「贈り物」だとしたら、その「パッケージ」の飾りをどうしようかなって。

自分を大切に思えば、独特のコーディネートっていうのが、自然とできてくると思うんです。

パッケージを、あるもので自分なりにコーディネートするの。

自分が持っているものを、あっちこっち直したり組み合わせたりして。

みんな、お洋服に思い入れがあるじゃない？「ああ、これはあのときに買ったものだわ」って、思い出と一緒に生きているわけだから。

それを工夫して、人の真似じゃなくて、自分の組み合わせにして。このセーターの上にこれを着ようかしらとか、このマフラーはどういうふうにしようかしらとか、そうやって本当にオリジナリティの世界を楽しもうっていうか、冒険する気分ね。

ブティックで売ってるものを「ひと揃えください」って、そういうんじゃなくて。

自分のクローゼットから引っ張り出して、その都度、新しい気分で素敵。

別に、若く見える服を選ぶ必要はないと思う。

この頃はみんな、若く見せようってことがテーマになっているじゃない？アンチエイジングとか。

若さを求めておしゃれをするんじゃなくて、いろいろ工夫して組み合わせて面白がっていると、自然と若く見えるんじゃないかしら。

結果的に若く見える。

やっぱり、個人個人でその人らしいっていうのが、一番おしゃれじゃないかと思うんです。

「おばあさんらしく」って決めない

私って、服装の好みがぜんぜん変わらないの。

小学校の頃から、白いブラウスと黒のベストにチェックのスカート、それから黒か紺色のカーディガン。そういうのが好きなんですよ。

おばあさんになって白髪になったのに、やっぱり白いブラウスとチェックのスカートと紺色のセーター。

女学生みたいって思われるかもしれないけど、そういうおばあさんがいてもいいんじゃない？

だから流行なんてあんまり興味がないの。

もうワンパターンで、白いブラウスだったら何枚も同じものを持ってて、四、五枚はあると思う。

それを洗って干して、洗って干してのくり返し。

インドに行ってもアフリカに行っても、普段と同じ服装だから写真を見て、東京みたいって言われるのよね。

まあ命があれば、着るものなんてどうだっていいって思ってるの。

とは言っても、それなりに合わせて、渋いものを着たり品質の良いものを着たりすることは大事なことだと思います。

気分転換に、思いがけない派手な色のものをためしてみたり、外に出るときは真面目な格好でも、家にいるときはおちゃめな格好にするとか、それで自分を驚かせてあげたり。

そうするといろんな発見があるし、それは素晴らしいことじゃないかしら。

たとえば、夫が亡くなっちゃったら、夫のジャンパーを着てみる。

意外と可愛いと思うのね。ギャルソンおばあさん。

また、息子さんがもういらないって言うセーターを着てみたり。ブカッとしていて、いたずら小僧風で、これも可愛いかもしれない。

夜、人に会わないときのお散歩やウォーキングで、そういう男物を着て、スニーカーでスタスタ歩くのって、若返ってすごくいいと思う。

気分転換に、ほかのものを楽しんだりすることは大事だと思います。

ファッションも冒険ですものね。

おばあさんはおばあさんらしくって決めないで、あなたも「新しい自分よ、こんにちは！」って感じで、ぜひぜひご遠慮なく楽しんでみてください。

2

おしゃれは自分に心地よく！

鏡をお友達にする

おしゃれなおばあさんになる方法は、「人と比べないこと」。
ヘアスタイルがどうとか、着るものがどうとか。
着るものは好み。自分が元気よく、心地よくあるためには、ためらわない。
そして人と比べない。
日本人は人目を気にしますよね。
後ろ指を差されたくないってところ、すごくあるじゃない？
それはそれとして、あまりそんなことを気にしないで、自分がどういう状態が心地よくて楽しいのか。そういうことを最優先して、おばあさんになったらいいんじゃないでしょうか？　ご遠慮なく！

おばあさんになる途中は、人の言うことも聞いたほうがいいと思うのよね。

だけどおばあさんになったら、散々生きてきたんだから、あとは自分が解放的な気持ち、明るくなるような気持ちで、心がパアッと解放されるようなおしゃれっていうのを、自分で発明・発見する。

それを買いに行くのもいいんだけど、自分の手持ちのものを、「ああでもない、こうでもない」って組み合わせてみる。わくわくしますよ。

いま自分が持っている古いもので実は十分なのよ。

「これにこれは合うかしら、それとも合わないかしら」って、鏡とお友達になって。

まあ、家族とかお友達なんかも、いちいち意見を言ってくれないから。

鏡を自分のパートナーっていうか、お友達だと思って相談してみるの。

白雪姫のお母さんみたいに、「鏡よ鏡、これは似合うかしら」って。（笑）

普段着はパターンが決まっている

パリコレとかが新聞に発表されますよね。

そういうのって、単に情報として眺めるのは好きですね。

ファッションショーもすごく楽しい。

でも、自分がそれを着るかって言うと、話は別。

自分の着るものは、だいたいパターンが決まっていて、一〇代の頃から変わらないという困った問題があるわけ。

私って、あまり好みが変わらないので。

家族やお友達の話を聞いても、「本当に変わらないわよ」ってみんな言うので、「じゃあそうなんだなあ」って思って。

だいたい、白いブラウスと黒っぽいベストにチェックのスカートっていうのが、ティーンエイジャーの頃からのスタイルだった。

それは好みっていうか、いつも忙しくて、洋服をのんびり買いに行くという習慣がなかったんですよ。

ずっと子供のときから忙しくて、自然と機能的なものを選んできたと思うんです。

二〇代、三〇代、四〇代、五〇代と、気がついたらそうだったのよ。

だから、コーディネートとかしたことがないわけ。もう決まってるから。ワンパターンなの。

それって、自分が決めてるんじゃなくて本能的な単なる好みなのね。

たくさんチョイスがあっても、それを選んじゃう。

私って、屋根裏部屋の苦学生みたいな生活が好きなんです。

だから価値観がそこでまとまっちゃって。

素敵なシャンデリアのおうちとか、ロココ風の家具とか、ぜんぜん欲しくないのよ。

屋根があって、本棚があって、コーヒーがあって、部屋になっていればOK。

貧乏でもなんでもいいわけ。

そうすると、服装もおのずから学生っぽい格好になるのね。

だから制服とか好きなんですよ、ああいうパターンがね。

ユニフォームって、没個性と思われるけど、着こなしで、じつは、来ている人の個性がにじみ出るものですね。

私のクローゼットにあるものは、胸にリボンをつけた白いブラウスに、チェックのスカートだから、「AKBみたいだ」と、からかわれるんだけど、それはもともと私の好みなの。

いまの流行と偶然重なっちゃったのかしら。

ヘアスタイルはね、ポニーテールにしたり、後ろで一つにクルッて結わえたり。いろいろ変わりましたね、その年ごとに。

ヘアスタイルは変化してるんですけど、服がだいたい同じようなものだから、「じゃあ、このままで白髪のおばあさんになったらいいのか」っていう問題があるじゃない？

それはまあ、やってみようかなって感じかしら。

白髪なのに、白いブラウスに黒いベストでチェックのスカート。

そうしたら、スカートの丈を長くしたり、いろいろアレンジすればいいかなと。

そのファッションでステッキを持ったら、そのままおばあさんでいけるんじゃないかって。

一生同じファッションでＯＫだなって感じ。

フランスには流行がない

本当に流行とかに乗ったことがないですね。

だから何も不自由がないんです。

かつての日本人って、ロングスカートが流行ったらロングスカートとか、ひざ上が流行ったらひざ上スカートとか、流行にすごく敏感だったんですよね。

日本の女の人って真面目だから。

初めてパリに行ったときに、つくづく思ったことがあるの。

それは、一人として同じ格好をしている人なんていないし、流行なんかないんだってこと。

パリコレってあるでしょう？

あれはファッション界のデザイナーとかバイヤーの世界なのよ。

普通の女性はそんなの追っかけていないわけ。

街でもカフェでも地下鉄でも、まわりを見てるとね、一人一人全部違う格好をしていたわ。

新しいものを買うよりも、おばあちゃんとかお母さんが大切にしていたようなものを踏襲してるわけですよね。家具でもなんでも。磨きをかけて愛用している。

「あー、なるほどなあ」って思いました。

ポニーテールにリボンなんかつけてる人がいて、そのリボンの色がオリーブグリーンなのよ。それが滅多にないようなくすんだグリーンなの。

でも、髪の色に合ってるんですよ。飴色の髪に。

それで、同じような色がスカートなどに来るようにコーディネートしているの。それが本当に素敵なのよね。

その人、もちろん一般の人でしたよ。

だからやっぱりそうかって。

一〇人いたら一〇通りのファッションをしてるのよ。それが当たり前。

みんなそれぞれ個性に合ってて、一人一人がその格好が心地よくて、お気に入り。

「あの人は流行りの格好をしているけど、私は遅れてる」とか、そういう発想がぜんぜんないみたいなの。

かつては日本人って流行を追いすぎてましたね。

毎年、業界で流行色を決めたりするんでしょ？　今年はグリーンらしいって言えば、グリーンを意識して。

グリーンが流行ってるのに、オレンジのセーターを着たら、流行と違うじゃないとかね。

そういう変なチェック機能があるわけ。

真面目すぎるのよ、日本人って。

そんなの守る必要はぜんぜんないんですよね。

いまの人はどうかわかんないけど、あまりファッションが発達してなかった頃はそうでしたよ。右へならえで。

ひざ上ミニスカートって言ったら、みんなミニスカートはくの。

似合うとか似合わないとか関係ないの。

もう流行だから。

滑稽なくらい素直な国民なのね。

フランスじゃ、上手に、とっかえひっかえしているわ。

映画に出てくる女の人だってそうよ。

ゴダールの映画で「女は女である」というのがあって、アンナ・カリーナっていう女優さんが出ているの。

一枚の赤いカーディガンを着るんだけど、あるシーンではボタンが前に出てきて、次のシーンでは、後ろ前にして、ボタンが後ろにくるの。

同じ一枚のカーディガンを後ろ向きに着たり前向きに着たり。何通りにも着て。

特別なことをやっているっていう感じじゃなくて、もう本当に楽しそうに、歌を歌いながら当たり前にアレンジしてるの。

それがとても粋で。

映画館で拍手しそうになっちゃった。

九四歳のおばあさんのファッション

最近見た映画に「アイリス・アプフェル！　94歳のニューヨーカー」というのがあるの。

九四歳のアイリスっていうおばあさんがいて、その人のファッションを紹介したドキュメンタリー映画なんです。

すごく外見が派手なおばあさん。

とにかくアクセサリーのコレクションなんかもすごいんです。

旅行でいっぱい集めたものを、次から次へと首にかけたりしてるんですよ。

ブルーグリーンの大きな粒のネックレスも一つじゃなくて、いくつもいくつも同時につけるの。

そのファッションが、ただ奇抜さを狙ってるんじゃなくて、生きることそのものになってると感じました。

「こんなコーディネートができるわ。これにはこれはどうかしら。これにはこれを合わせてみましょう」と。

自分をオブジェ、アート作品として見てるわけ。アイデアを考える。

そのたびにこの方の目が輝くの。そう、立体作品を創っているクリエイターなのね。

すごく大きな黒ぶちの眼鏡をかけているんだけれど、ぜんぜん変じゃない。

顔も整形なんかしてなくて、シワくちゃのままで。

頭はクールで、素晴らしいと思ったわ。

このドキュメンタリー映画を作るのに四年もかかったようなの。

なかなか大変だなって思ったわ。こういう映画を作るってことはね。

このアイリス・アプフェルさんっていうのは主婦で、一〇〇歳の夫がいてね、二人とも仲がいいの。

ビジネスマンの父親とブティック経営者の母親のもとに生まれて、ニューヨーク大学で美術史を学んだんですって。

編集の仕事についたけど、雑用が多くてやめたのね。

そのあと、いつか自分で飾ってみたいと強く思って、インテリアのデザインを学んだりしたらしいの。

とにかく、アクセサリーやなんかのコレクターなんですよ。ピンときたものを見たら、もう買わずにはいられない。世界中から集めて、美術館のようにたくさん持ってるの。「もっと、もっと」と求めるエネルギーには圧倒されました。

体力もあって、丈夫なんだと思うわ。

チャッチャッチャッチャッて歩いてましたもの。

健康だからファッションを楽しめるし、ファッションを楽しんでいるから健康っていうか。

上手くいってる関係なんじゃないかしら、ファッションと生き方が。

日本の古着は魅力的

小道具というものを考えると、まず鏡がありますよね。
こまめに鏡、コンパクトを見るのは素敵だなって、子供のときに思いました。
コンパクトをカチッて閉めたりすると、大人のご婦人という感じ。
フランス映画を見ていると、女の人が鏡と相談するんですよ。
ちょこっと何かをするときに、チラと鏡を見るの。自分のおしゃれの相棒みたいにね。
映画でそういうシーンが多いんですよ。

ホテルのフロントでも、ちっちゃな鏡を立てておいてね。

それをマダムが、チラチラと見ていますよ。鏡をチェックしている。

鏡は重要なアイテムだと思う。そのときの自分の相談相手。

鏡はモノなんだけど、自分に目くばせしてアドバイスをしてくれる。

そんな存在なんじゃないかと思います。

あと、マメによく洗った手袋をすると、シワシワな手も綺麗になるって言われてますね。

それから、首のシワを隠すスカーフなどの上手な扱い方とかね。

六〇歳を過ぎたら、みんな首のまわりとかがシワだらけなんだけど、みなさん、そこをフワッと隠してるの。

ピアニストのフジ子ヘミングさん。あの方はヨーロッパが長いから、そのへん、手なれていらっしゃる。レースをザクザクッと切って首に巻いている。

まったくユニークで、よくお似合い。いつかTVのドキュメンタリーでチラ、とみました。

それから、七五三の古着を、スカートにかぶせて、スカートオンスカートに。日本の着物の柄のテイストは、外国人の目から見ると、大胆ですごく素敵なんですもの。


歌舞伎の衣装とか、そういう古い日本のものを大胆にあしらったり、自分が気に入ってるからいいと思ってて、堂々としているわけ。

だけど、「変わってる」と言って悪口を言う人もいるかもしれない。

「なにあの人。ちょっと自己中すぎない?」って。いえいえ、そんなこと気にしない。

本人が気に入ってる場合は、なんだってOK。

ユニークなアイデアOK。

本人のひらめきOK。

街をお散歩してると、酒屋さんのエプロンとか、いろいろ売っていて。

やっぱり魅力的だなって思って買いますよね。

それはもう自由だもの。

日本の古着は本当に魅力的。

ついつい、リサイクルの古着とかを買ってしまいます。

「これ、五〇〇円よ」って言ったら、「ウソばっかり」って言われるけれど。

リサイクルなんかは、ものすごく得した気分になるわ。

人に注文して縫ってもらったら何万円もするじゃない。

それにみなさん、「ちょっとここが……」とか不満があったりするみたい。

でも古着だと、少々気に入らないところがあってもぜんぜんOK。安いから楽しいんですよね。

フリーマーケットも大好き。もうドキドキしちゃう。

掘出し物っていうか、そういうものを見つけた瞬間に冒険するみたいな感じ。

すごく元気が出るって言うのかしら。

それからセレンディピティ？　ついさっきまで思いもしなかったものと出会うと、ウキウキします。

そういう想定外のものに出会うと本当に嬉しい。

こんなおばあさんって素敵！

3

ずっとおばあさんが好きだった！

子供のときから、ずっと私はおばあさんが好きだった。

みんな、たとえば「二〇代っていいわ、若いときに戻りたい」って言うけど、本当にそうなのかしら。

若いときってすごく悩みも多い。

私、そんなに若いときを楽しいって思った覚えはないんですよ。いつも悩んでいたし迷っていた。

楽しいことと同じくらい、つらいことも多かった。

それと比較しても、おばあさんっていうのは、人生のいろいろな出来事を経験してるから、とても落ち着いている。

たたずまいや生き方がカッコいいと思うんですよ。

何よりも、おばあさんは、「知恵の塊」ですもの。

私の家にはおばあさんはいなかったんです。

近所を見てもおばあさんは、優しいだけじゃなくて。

ちょっとピリッとしていて怖かったりして……。

おばあさんってシワの奥で何を考えてるかわかんなかったりする。

そこがなんとも奥深い。

とても魅力的だと思ってたんです。

おばあさんのファッションもちょっと枯れた感じ。

そこがまた良かったりするんですよ。

本当のおしゃれってこういうことじゃないかって教えられる気がしました。

おばあさんってすごくいい！

ずっと子供とお年寄りが好きなんです。
子供の頃からずっとね。
男の人じゃなくて、おじいさんが好き。
女の人じゃなくて、おばあさんが好き。
本当に私、お年寄りが好きだった。
いつだったかしら、トークショーで、
「ずっと私はおばあさん志向で、おばあさんになるのが楽しみだったんですよ」ってしゃべったのね。

そうしたらみなさんが飛びついてきた。いろんな新聞社の人が、「そうなんですか!?」って驚いていらしたの。

そのトークショーには「可愛い」「カワイイ」「KAWAII」の研究家もいらしていて、その人もその話に飛びついてきたの。

「可愛いおばあさんっていいですよねー」

「おばあさんになりたかった」

って私が言ったことが面白かったみたい。

幸せは、人それぞれ

キリッとしたおばあさん。ペラペラしゃべって、「いまの若者はなんとかだわね」って言うおばあさんも面白いけど。

でも、見た目、ちょっとマニッシュみたいな、内面が充実してて、どうしてだかわからないけど、いつも楽しそうっていうおばあさんが好きなの。

年をとって大変そうとか、お気の毒だって見られるんじゃなくて、内面が充実して楽しそうだっていうおばあさん。

どうしてそんなに楽しそうなんだろう？

どういうことなんだろう？

そう思うんだけど、楽しそうっていうのは、それぞれ本当に個人的なものだったりする。

ごくごく個人的なもので、あまり一般論は通じないと思うの。

幸せっていうものについても、本当はとても個人的な感覚だから、一言では言えない。

十人十色。幸せは全部違う。

みんなクセがあるじゃない？

同じ人なんて一人もいないように、同じ幸せなんてどこにもないの。

だから人のことを見たときに、「あの人は幸せだ」とか「不幸せだ」とか決めつけたりするけど、本当はわかんないと思う。ぜんぜん。

人の心の中は誰にもわからない。

わからなくてもいいのよね。細胞レベルの話ね。

「経験」は「魔法」

年をとって一番ありがたいのは経験があるってこと。
経験を重ねると味わい深い知恵も出てくる。
若い人と違うのはそこなんですよ。
経験を財産と考えたら、何億円もの財産を持ってるってことだと思う。
困ったとき、経験があれば慌てない。経験がいっぱいあれば、とりあえずＯＫ。
いろんな経験を積んだってことは、魔法が使えるってこと。
魔法って言っても、別に怪しいことをやるんじゃないの。

経験のことを、言葉を変えれば、魔法って言うんだろうと思う。

おばあさんって経験という魔法を使えるのよ。

だからおばあさんは「魔法使い」なんです。

いいことも悪いことも、経験をいっぱい集められれば、ピューッと飛んでいける。

自分が生きてきた中で修業を積んでるから、空くらい飛べるんじゃないかって(笑)。

そんなオールマイティな感じがするんですよ。

大昔にはヒマラヤの村とかに床屋で歯医者で外科医で薬草の専門家の老人がいたという話ですけど、おばあさんも、その気になればこのくらいのことはできるのでは!?　と思います。

人生のピークはいまこのとき

年をとると、しょんぼりする人が多い。

「どうせ私なんか」とひがんだり、ちぢこまって、遠慮深くしていたりとか。

私は、「ちょっと違うんですけど」って言いたくなっちゃいます。

自分の人生のピークをどこに持ってくるかっていうときにね、「大学時代が一番華だったわ」とか、「三〇代で仕事をバリバリしていた頃だったわ」とか、人によっていろいろありますよね？

でも、振り返っているばかりじゃつまらない。

人生の一番のピークを、おばあさん時代に持ってくると、いろいろなことがスッキリする。

人生を悲観したり、しょんぼりしているヒマがないわけ。

いままでの人生は助走で、おばあさんになってから、「はい、今です！」って本当の人生のピークが始まる。

あなたの活躍はこれから始まるんです。

おばあさんって人生の脇役じゃないの！　主役なんです。

みんな「素敵でおしゃれなおばあさん」を目指せばいいのに。

男の人にもそう思います。

若いときの一番血気盛んな頃が良かったたって、よく言うじゃない？

年をとったらとったで、渋いおじいさんを目指せばいいの。

人生のピークはいまなんだから。

4

一人ぼっちを楽しめれば勝ち

孤独感は生きている証拠

私ね、一人暮らしって楽しみにしていたの。

それはある意味、理想のこざっぱりした生活なんだけど、やっぱりコントロールするのは大変なことだと思うの。

いずれにしても、孤独っていうのは人生の大きなテーマね。

自分一人じゃなくて、多勢でいても、それは受けて立たなきゃいけない問題だと思っているんです。

孤独感というのは生きている証拠だって思う。

死んじゃえば、平和な一本道になるんじゃないかと思うし。まあ、死んでみないとわかんないけれど。

生きていれば、いつもハッピーってことはまずありえない。まともな人だったら、いろいろあって普通です。

だから、孤独っていうのは仕方のないことだから、やっぱり受け入れることですね。私、「孤独嫌いの、孤独好き」なので。

自分を中心に考えると、寂しいとか、まるで自分一人みたいに感じたりすると思うんですよね。

でも、ちょっと俯瞰してみると、いろんな人がいることに気がつくの。

すごくラブラブだった連れ合いが亡くなってしまったり、子供が独立して自分が必要でなくなったような気がするとか、そういう人はいっぱいいるわけじゃない？

だから、そういう人と自分はお友達で、実は遠くてもつながってるんだって思えば、世界中にたくさんお友達がいるわけですよね。

そういうふうな発想をしてみたの。

どうしても自分中心になっちゃうから、「こんな時間が訪れるとは思ってなかった、えーん」ってなっちゃうみたい。


以前、モロッコに旅をしたときのこと。サハラの砂漠にテントを張って、たった一人で、骨董品を売っている青年がいたの。見渡すかぎりの砂原で、客の姿などないのに、彼は香油の香りを漂わせて優雅な手つきでミントティを淹れてくれた。

「こんなところで、たった一人で寂しくないんでしょうか」と、ガイドのモハマドおじさんに訊いたら、「大丈夫ですよ。彼はいつも神様とお話ししてますから」ととても静かな声で答えたの。

ふとしたとき、この青年を思い出すわ。

降るような満天の星空の下、彼はいまもあの満ち足りた横顔で骨董品を並べているのかしらと……。

4　一人ぼっちを楽しめれば勝ち

お友達は二、三人いればOK

みんな、自分が孤独ではいけないと思っているんじゃないかしら。

お友達がいっぱいいいて、ワイワイやっている人が楽しいって、そんな刷り込みがあるわけよね。

なんだか強迫観念があって、ママ友なんか、お友達と集まってフレンチとかイタリアンを食べるなんてことに憧れてるんじゃない？

私自身は、お友達って少ないんです。

でも、人からは多いと思われてるの。

とても賑やかに楽しくお友達とやってると思われている。

まあお友達っていうのは、二、三人いればＯＫだと思ってます。

その代わり、街中にたくさんお友達がいるの。

たとえばタクシーに乗るでしょ。そうしたら、運転手さんと「やっと涼しくなりましたね。今年の夏はひどかったですよね」なんて。

運転手さんも「いやまったくね」とか言って。

「でも、日本は四季があるから幸せよね。だから味覚も季節感も敏感な国民なんですよね」

そんなふうに、だんだん話が盛り上がっていくの。

「だいたいこんなね、お芋のしっぽみたいな島国なのに、世界を相手にできる国っていうのは珍しいですよ」

「ほんとほんと」

「四方を海に囲まれてるっていうのは、潮流の影響が大きいと思うの。それで島がマッサージされてるのよ。リンパマッサージですよ」などと、次第にノリノリで笑い合ってね。

降りる頃には、「日本人はみんな字も読めるし、優秀な国民だ。誇りを持っていきたい！」って結論が出て。

「お釣りなんかいらないわ」

「いやありがとうございます！」

たったの二〇円なんだけど。

そんな感じで車を降りたら、お友達とたっぷりしゃべったって感じになるじゃない。

八百屋やお米屋の奥さんとかも、とてもよく世間を知っているでしょ。

だから、そういう意味では、優秀なお友達が街中にあふれてるわけ。

そんなふうに思えば、プライベートでお友達が多いとか少ないっていうのは、あまり気にしなくてもいいんじゃない？

お友達のカッコいいおばあさん

実家のある街のカフェで、しょっちゅうお会いしていたおばあさんがいたの。本当におしゃれなおばあさんで、背が高くて痩せていて、とてもカッコいい。日本人なんだけど、女優のキャサリン・ヘプバーンに似てるから、個人的に「キャサリン」ってニックネームを付けたのね。

本人はご不満みたいで、自分は若いときはエリザベス・テイラーに似てたって言うの。

ぜんぜんエリザベス・テイラーって感じがしなくて、男っぽいようなキャサリン・ヘプバーンに似てたのね。

初めて会ったときのファッションが素敵だったわ。なんだかこう着古した感じ。

花柄の薄地のワンピースを着て、細い脚にスニーカー。帽子をかぶって、パールのネックレス。

それで私もつい、お茶を飲みながらチラチラ見てたの。

あちらも一人で、チラッと目が合った。

私も思わず、「素敵なファッションですね！」って話しかけたの。

「あらそう？　これもう古いのよ。パールのネックレスも、娘がね、『色がちょっと黄ばんできたからダメよ』って言うのよ」

「あら素敵ですよ」って感じで話が始まったの。

それからしょっちゅう顔を合わせるようになって。

そのたびに、彼女の着ているものが違うんですよ。

セーターでも、そこらであまり見ないようなこったものばかりなの。

私がそれを褒めるでしょう、「素敵ですね！」って。

そうすると、キャサリンはゆっくりトイレに行って脱いできて、「はい、差し上げます」「きっとお似合いよ」。

しまいには、ファッションショーみたいに、私が喜びそうなものばっかり着るようになって。革ジャンとか帽子とかも。

キャサリンは好き嫌いがはっきりしていて、白洲正子さんなんかには一目置いていたわね。

人気がある芸能人なんかをわりあいバッサリ切ってましたっけ。

「あれはいただけないわ」みたいな。評論家のような目で見てたっていうか。

目が肥えているから、ある意味で怖いけれども、話していて楽しいの。

外国の女優さんにも詳しかったです。

面白いことがあってね。

工事用のズボンをはいた青年たちが、みんなキャサリンのそばに新聞をポンと置いていくの。

「何？」って尋ねたら、「私が新聞が好きなのをわかっていて、持ってきてくれるのよ」ってね。

その青年たちはカフェに入らないの。キャサリンに新聞を置いていくだけ。とにかくいつも新聞を読んでいた人なのよ。

彼女の夫は会社の重役だったらしいのね。それで海外に駐在していたらしいわ。

帰国して夫と二人暮らしだったんだけど、夫が亡くなったあとは一人で暮らしていたのね。

息子さんたちがいて、一緒に住もうと言ってくれていたようなの。でも、お嫁さんがいるから悪いって、一人で暮らしていたわけ。

キャサリンは粋な人だから「遠慮するわ」って。

そうしているうちに、彼女は亡くなってしまったのよ。

もうガックリ。

お葬式に行ったら、若いときの写真を息子さんが見せてくれた。

そうしたら、なんと、エリザベス・テイラーに似てたのね。

息子さんたちに、

「『私、昔はエリザベス・テイラーに似てるって言われたものよ』っておっしゃっていらしたけど、これを見たら本当ですね」ってお伝えしたの。

息子さんたちも、「うちの母に、七〇過ぎてお友達ができるとは思いませんでした」って言ってらした。

私もキャサリンとはありとあらゆるおしゃべりをして、心の友になっていただいたのです。

本の世界に友達はいっぱい

現実のお友達は少なくても、本棚にはいっぱいいる。

「本棚をずらせばそこに秋風のベーカー街に続く抜け道」（秋谷まゆみ）

物語の中にお気に入りのヒロインがいるとか、傑作な脇役がいるとか。

そんな登場人物たちをお友達みたいに思ったりするクセがあるの。

本の中にすべてがあるとか言ってる人もいます。見つけようと思ったら本の中になんでも見つかるって。

私も本をときどき買うけれど、新しいものより、やっぱり昔から読んでいたような本が好き。

ジョルジュ・サンドの『愛の妖精』とか、女の子の自然暮らしみたいなものが昔好きだったんですよ。

いま見てみると、本当に好みって変わらないなって思う。

愛読書っていうのは、本棚の隅に昔からなんとなく揃ってる。そんなものなの。昔からのお友達。

それを見ると、やっぱり古ぼけていない。

たとえば『赤毛のアン』とか、「エミリーのシリーズ」、『長くつ下のピッピ』とか。

それらは、大人になってもぜんぜん古ぼけないってことがわかるんですよね。子供のために書かれたものだけれど、作者は大人で、本気になって創り出した渾身のヒロインなんですもの。

だから、大人が読んで感動するのは当たり前だと思います。

ジョルジュ・サンドも、厚い伝記物がいっぱい出てるんですね。それをいま読んでみたらやっぱりヒントの山で、ときめきます。知恵やアイデアの塊なのよ。

彼女はお庭の片隅に、木の枝で自分のお祈りのコーナーを作ったりするの。「コランベ」っていう名前をつけて。

クリスマスにリースを作ったりしますよね。木の枝にナッツを飾ったり。ああいうようなもの。

そこで彼女は、虫や動物や樹木たちと対話したんです。お庭の片隅に神様とか妖精がいるって勝手に思って、そこをお祈りの場にしていたりする。少女時代の彼女がね。それが、とても可愛いの。大人になったら、彼女は詩人や音楽家と付き合ったりして波乱万丈じゃない?

そこで、自分の中にお医者様を作っているの。ビオフエル氏という名前の。

その人に、自分の代わりにドクターストップをかけてもらうとか、むちゃくちゃ仕事をしたときには、そうやってコントロールしたり。

本当に面白くて、私はすごく気に入っているの。

私ね、マジョルカ島にも行ったのよ。サンドがショパンと暮らした僧院を見学したわ。体の弱いショパンのための薬草の罎《びん》が棚に並んでいたわね。

ピアノと、サンドの仕事机が、レモンの樹々から漏れる陽光の中にひっそりと置かれていたわ。

召使いと自分の一人二役

私もそういうもう一人の存在を、このあいだ展覧会のときに作ってみたの。そのとき作ったのは「召使い」。

私のところにすごく気がきく召使いがいるという設定なのよ。

「朝は、コーヒー、紅茶、日本茶、どれにします？」って訊いてくるの。

「そうね、日本茶がいいかしら」って答えたりする。それって結局、自分で淹れるんだけど。

私って、奥様とかお姫様よりも、もともと召使いっていう立場がすごく好き。

子供のときから、母や妹の身のまわりに余計な世話をやくのが好きで、ヘアメイクやマッサージはうるさがられてもやっていました。

電車の中でも、「あの人の髪、もう少しなんとかならないかしら」とか、頼まれもしないのに、もう少しで手を出しそうになったり。

召使いと自分の一人二役ね。

それから、運動のコーチみたいな人もいるのよ。

アパートの地下に、トランクルームといって物置があるんですよ。

展覧会のときなんて、そこから額縁を一人で運んだりして泣きそうになっちゃうの。重たくて。

誰かに手伝ってもらえればいいけど、そうするよりは一人のほうが気楽だと思って。

大きな段ボール箱をカートに乗せて運ぶときに、そのコーチが出てくるの。

「はい、がんばって!! それがストレッチにいいんです」とか言ってくれる。

一人何役とかを考えてみたら、ジョルジュ・サンドのお医者様がいるとか、少女時代に読んで影響を受けてるんですよ。きっと。それがヒントになっているると思うんですよね。知らず知らずに。

猫は孤独な暮らしにぴったり

飼っていた猫が死んで、もう三、四年経つかしら。

初めて猫のいない生活をしています。

また飼おうかどうか、すごく迷ってる。

でも、自分が先に死んじゃって、残された猫がしょんぼりと私を探している姿を想像すると……。

そんなことを考えると、「猫がいないくらい我慢する」って決心してるんだけど。

猫好きな私のお友達も、猫を亡くして「もういいわ」って思ったそうなの。

でもペットショップに行って、子猫を買ってきちゃったんですって。

そうしたら、みるみるとても幸せになったんだそうです。

だから「絶対に我慢なんかしないで猫飼いなさい」って。

「猫を残して死んでも大丈夫よ。猫は誰かにもらってもらえるから心配しないで」


そう熱心に勧められているわ。


猫を飼うようになったきっかけはね、あるバーでのことだったの。

バーのカウンターで、知らない男の人が革ジャンのふところに子猫を入れていたのよ。

「弱っちゃったよ。どこまでもついてくるんだ。でも、うちのアパートは飼っちゃいけないからさ」

そんな話を店の人にしていたの。

私、猫なんか嫌いなはずだったのに、一人で引っ越してきたばかりだったので、つい「ください」って言っちゃったわけ。

それで、その真っ黒い猫を持って帰ってきちゃったの。

でもね、その子がもう可愛くて可愛くて。

いつもエプロンスカートの胸もとに入れてそうじ機かけたり、お散歩に行ったり、買い物に行ったり。あくびをすると、通行人がびっくりして。ぬいぐるみかと思ったって。

その子が大往生すると、またある人が黒猫をくれたわけ。「あなた、黒猫好きだったわね、どうぞ」って。「返品お断り」とか言って。

またその子が死んじゃうと、次も誰かが黒猫をくれるのよ。どの子もすごい長生きで。「ギネスブックにのるほど生きてね」とジッと目をみつめて頼んでいましたっけ。

そんなわけで、大人になってから猫を飼ってないのは初めてかしら。

猫はマイペースで神秘的で美しくて、本当に素晴らしい存在よね。孤独な暮らしにはぴったりかもしれないわ。

猫を世話しているつもりでいても、本当は、教えられることは、いっぱい。素晴らしい存在。神さまの作品の中では、傑作中の傑作ですね。その魅力は〝うごく宝石〟ともいわれます。

猫はカスガイ

猫に頼らずに一人暮らしをするって、実験的には面白いかもしれないけど。
でも、猫を飼うことで孤独がまぎれるってことは、たしかにあるのよ。
猫自身、神秘的な目でずっとこっちを見てて。
こっちに寄ってきて、読書に付き合ってくれたりとか。
ああここにいるとか、ああ許されているとか、そんな安心感を与えてくれる。
犬だと、とても賢いんだけど、すごく気を使うでしょう？
猫はクールっていうか、嫌なことには付き合ったりしないで、マイペースなところがあって、それがホッとさせるわけ。
気が向かなかったりすると、トコトコってどこかに行っちゃう。
勘もいいし、神秘的でしょう。
あんな生きもの、よく神様が作ってくださったと思う。
もう見とれちゃうのよ、顔に。
あの神秘的なバランス。鼻があって耳があって口があって。おみごと。
「まあ！　いいバランスねー」って。

いまのアパートに、猫を飼っているご夫婦がいるの。
いわゆる夫婦の会話はあまりなくても、猫についての会話はあるみたい。
猫がカスガイになっているわけ。
そのご夫婦って、ご主人が気難しい社会派の写真家で、美人の奥様と二人暮らし。
私もご挨拶するときは「ピアちゃんお元気？」って。それでとてもスムーズなお付き合いをしています。

5

シンプルな日記の楽しみ方

日記はもう一人の自分

小学生のとき、父の転勤にともない、四回も転校しました。

やっと隣の子と「消しゴムかして」「うん」とか口をきけるようになったら、「ではさようなら」って感じだったの。

だからお友達がいるようないないような、心もとない日々だったんです。

それで、何かの宿題だったのか、『アンネの日記』の影響だったのか、日記をつけるようになったの。

そうしたらすごく心が安定して寂しさが楽しさに早変わり。

いま七〇いくつになっても日記は必ず書くんですよ。

日記はもう一人の自分でもあるけど、お友達でもあるから、なんでも正直に書くの。本物の人間より、まっさきに日記に報告しているわ。

自分で自分に報告するのね。そうじゃないと、すぐ忘れてもったいないの。

でも、書いておくと嬉しいのよ。

ちょこちょこ描く習慣をぜひ！

絵の具っていうのは万能なのよ。

お皿かパレットにトロトロと絵の具を筆で溶いているとき、なんとも言えずに神経が休まる不思議な魔法のグッズなの。

いま池袋のコミュニティカレッジで、絵日記をおすすめしています。

受講者は二〇人くらいの女性で、年齢は二〇代から五〇代まで。

とにかくこういう喜びを身につけちゃったら、もう遊びなんか何もなくても無敵だって言ってるわ。

お台所の片隅に絵の具とか小さなノートを置いといて、ちょこちょこ描く習慣を身につけたら素敵。カフェでも、病院の待合室でも、キッチンでも、駅のベンチでも、あなたがいればどこでも、そこはアトリエなんですもの。

それがテーマなのよ。

鉛筆で落書きなんかをすれば、そこでなんでもできるっていうことですよ。『星の王子さま』のサン＝テグジュペリとか、『不思議の国のアリス』のルイス・キャロルとか、当時の詩人や随筆家はカフェでの落書きの中から詩を書いたり、落書きの中から男の子が浮かび上がったりしているの。

絵としてはぜんぜん上手くなくて、アリスだって星の王子さまだってはじめは落書きなんだけど、そこからすべて世界が広がるって言うのかしら。

だから、上手い下手っていうのは、まったく関係ないわけね。

絵の描き方を勉強しに入ってきた人は、そういうお教室に行ってくださいってことで。

私の教室は、絵の具と水とか、鉛筆とか、それから綺麗な紙とか布とかね、みんな絵の具の一種と考えて、コラージュも楽しんでます。

レシートなどもそこに値段も日付も書いてあったりして、日記のかけらになるわけだから、気楽に考えてもらいます。

アートっていうのは自由ってことですもの。

そうしたらね、「私、絵が苦手なんです」なんて言ってた人が、びっくりするような絵日記をどんどん描いちゃうの。もうね、何十冊も描いてる人がいるのよ。

傍で見てても、紙なんかに落書きしてるくらいカッコいいものはない。

いまはもう、スマホなんかは当たり前になっているけど、それでも、ほんのちょっとした時間に落書きをして、日にちを入れたり、そのときに思ったことを書く。

メモのような、つぶやきのようなものを書くの。

素晴らしいことはもちろん喜んで書くけれど、嫌なことも書くんですよ。正直にね。

それをあとから見ると、すごく素敵なことは「こんなことがあったんだ」と思って、なんだかまた嬉しくなっちゃうわけ。心がホカホカしちゃうのね。

それから、つらいことなんかも書くでしょ。

こんなひどいことがあって傷ついたって書いたとするじゃない？

だけど、それはちゃんとクリアしていまがあるので嬉しい。

だから何を書いてもいいわけ。

絵で表現してもいいし、ちゃんとした文章じゃなくても、言葉のかけらでいいんですよ。

人に見せるわけじゃないから。自分の分身、もう一人の自分との対話になるから。絵も、人目を気にせず「自分をおどろかせて」と言ってます。自分の才能を発見する喜び。

ほんと、お医者さんなんかに行かなくても、病気も治るっていうくらいよ。

自分で自分にカウンセリングしてるみたいな部分があるわけね。

描きながら落ち着いてくるってことがありますから。

孤独とか一人ぼっちを癒すと言うのかな。人に迷惑をかけないから、とてもいいと思います。

お酒をいっぱい飲んだり、たくさん買い物をしたり、そういう方向に走らなくても、
本当にコツを身につけると、すごくハッピーでいられるんです。


「落書き名人」「メモ魔」の誕生、おめでとうございますって感じです。

鉛筆と紙がお友達

絵を描いたり、絵のそばにちょこっとメモを書くって、すごくいいです。
綺麗なノートがなくても、出先でレシートの裏に描いてもいいのよ。
出先で、いつどこでメモが必要になるか、わかんないんですよね。
人としゃべっていて、すごく素敵なことを聞いたとするでしょ。
忘れないようにしようと思ったりするときは、ちょこちょこっと描いたりするの。
私は単語帳を首から下げて持っているのよ。

これに描いて、おうちに帰ってからまとめるの。その中のどうでもいいことは破いて捨てちゃう。

大切なところだけピックアップして描いてもいいし、それをそのまま貼り付けてもいいし。

すごく楽しいんですよね。子供のときのノート整理みたいな感じ。

鉛筆と紙がお友達って言うのかしら。

鉛筆と紙と消しゴムって、いくつになっても、ずっと文房具屋さんで売っててほしいと思う。

いまは電磁波をつかって、ピピピと手っ取り早いキカイがあるみたい。けれど、紙のゴワゴワ・ガサガサ・ツルツル・ふわふわ感はとても魅力的。手にやさしく、心を温めてくれる素晴らしいものだと思っています。

絵日記は気楽に描くもの

絵日記っていうのは気楽に描くものなの。

絵なんか、上手くても下手でも関係ないのよ。

落書きが上手くなって、落書き名人になってね、「そこに日にちを入れれば絵日記ですよ」ってお伝えしているの。

私の教室に出席したら、その日のうちに仕上げなくちゃいけないのね。最後に提出するのよ。

そうしたらね、バーッて点をいっぱい描いた人がいたの。

「朝、お皿を洗ってたら、日差しで水道の水がキラキラして。もしかしたら、これって幸せな瞬間かなあって思ったんです」

「これなんですか？」

色鉛筆で点々が描いてあったのよね。

で、日付を入れてね。

「今日という日は昨日でもないし、明日でもないし、特別な日だから、日にちを必ず書いてください」って言うのよ。

とても素敵な絵日記をみなさま描いていているわね。びっくり。刺激を受けてトクしちゃうのは実は私のほうなんです。

6

おばあさんの恋愛って?

だから
おばあさんはすごい！

女性として考えたとき、子供時代はとってもいいんですよ。
はしっこくて元気で。
それで、ずっと育ってきて、年頃になっていわゆる女盛りになって。
色っぽいセクシーな時代っていうのはね、なぜだかわかんないけど苦手なの。
世間を見ていてもちょっとこう目を背けるっていうか。
不思議な気持ちが私の中にあるんですよ。
「女って面倒くさそう」とか思っていたりしたのね。

だから、家族旅行で温泉なんかに行って、浴衣のカップルが旅館のお庭を散歩してたりするのを見ると、「わあ、ややこしいことが起こりそう」って思ったりした。

おばあさんっていうのは、そういう時代を飛び越えてきたんだから無敵よね。

おばあさんになれば解放される

一〇代の若いとき、おばあさんってそういう面倒くさいことがなくていいなって思ったの。

途中の二〇代、三〇代、四〇代って、煩わしいっていうか、いろんな問題があるわけですね。

結婚するとか、仕事をどうするとか。

みんなよく結婚するなあとか、結婚して上手くいくのかなあとか。

なんだかわけがわからない迷路にいるような時期が多いわけですよね。自分もまだ若いから、いろんな欲望があるし。

でも、おばあさんになれば、そういうものからさっぱり解放されるって感じだったんです。

だから、おばあさんがいいって。

男の人に対しても、おじいさんみたいな人が生々しくなくていいなって思っていて。

二〇代や三〇代の男の人だと、気を使っちゃうっていうか。

なんなんでしょうね。「お元気でね」って感じなんだけど。

おじいさんには、なんでもよくわかっていて味わい尽くしたような人、存在として安心していられるような人、そういうイメージがあったんじゃない？

高校生のときなんか、授業が終わったあと、クラスでお友達とおしゃべりしてたのね。

みんなは、「三五歳くらいになったら、もうあとはいいわ。女の人はそれ以上生きていてもねえ」って言ったりして。

セーラー服着て生意気なことを言ってたの。

私が、「そのあいだのややこしいところをすっ飛ばして、一気におばあさんになりたいわ」って言ったら、みんなは「おばあさんなんて、やだあ」なんて言ってるの。

「カラッとしたいじわるばあさんじゃないけど、さっぱりした焼き海苔みたいな、カラッとしたおばあさんっていいと思わない？」

俗っぽい煩わしさから解放されると言うのかな。

「えー、へんなの」って一斉に笑われました。

年齢と幸せは比例する!?

みんな、おばあさんにはなりたくないって思ってるのよね。

美容のためにすごくお金を使っているの。

「そのために働いてる」って言い切る女性もいるわ。

リンパマッサージとか、ヘッドスパとか、お美顔とかに使うの。

「ちなみにおいくら?」って訊いてみた。

「私が行ってるところは安いのよ。三〇分五〇〇〇円だけど、有名サロンは九〇〇〇円」

「えーっ!?」

もう、あの手この手って感じ。

化粧品の宣伝でも、いまは女優さんも年齢を言うようになって。

「これで六〇歳。見えないでしょう?」みたいな。

このあいだ私、ある雑誌にこんなことを書いたの。

若ければいいってことになっているが、自分が若いときのことを考えてみたら、別にそんなに幸福じゃなかったと思う。年齢と幸福は反比例するっていうのは錯覚なのでは――。

私が若いときは、「若くて嬉しいわ」なんて思わなかったのよね。

だからそういった意味では、ちょっと卒業生みたいな部分がある。

悩みとか、そういうものから解き放たれて、それでもまだ生きてるんだったら、命をエンジョイするための知恵っていうのは、もっとあっていいはずよね。

でもね、一気に魔法使いのおばあさんになれるわけじゃない。

実際は途中が大変なの。そこを乗り切れば大丈夫。

「おばさん」じゃなくて「マダム」がいい？

年齢が平気になるのって大変よね。

みんな若く見られたいし。

堂々と詐称している人もいるしね。

詐称すると、話を合わせるのが大変みたい。干支とか、辻褄を合わせないといけないから。

それはそれで、「ご苦労さまです」って感じ。

やっぱり、ありのままが一番いいと思うわ。

あるテレビのプロデューサーが、「まあ、五歳くらいまでなら、僕は甘く見てるんだ」なんて言っててらした。

六〇歳になって、急におばあさんって言われたらびっくりするわよね。

おばさんの次はおばあさんじゃない？

おばさんも嫌だけど、おばあさんも嫌よね。

なんだか急に、女の人からおばさんになっちゃう。

それに平気でいられるのはちょっと問題だし、「おばさんって言われて、どこが悪いの？」って開き直るのも、なんだか変よね。

もっといい言い方があればいいんだけど。

フランスだとマダムかしら。

マダムならいいんじゃない？

だって、若くてもマダムって言うんだから。

おばさんって言うと、言葉に品がない。

なんだか、「もうどうだっていいや」みたいなイメージね。
エレガントな人は、おばさんって言わないですよね。
やっぱりマダムが一番いいかしら。
男の人の場合も、おじさん？　おやじ？
そのへんの呼び方って、少しは改良されるかもしれないわよね。
いまの若い人がそうなってきたら、別の呼び方を発明するんじゃない？

心の中の宝箱に
宝物いっぱい

おとなになっても
ぬいぐるみが
好き
亡き母の
お気に入り
犬のピーター君
背中に
ファスナーが
ついてます
背中に
ファスナーが…
フランス映画
"気狂いピエロ"
の中で
アンナカリーナが
いつも ぶらさげていた
ぬいぐるみ ちゃん
中に、小さなかがみと
口紅が入っています
わたしの
メガネ入れ
ファスナー

ぬいぐるみはおしゃれ

♡ お気に入りのカケラを
おへやのインテリアに…ときどき
新しいものととりかえます

Poem
SMILE
おへやに香りをただよわせるのは
ま、すてきなインテリアといえますね…
coffeeのこんがりした香りは
わたしの心を学生にします〜♪
着なくなった
服はどんどん
つないで
ひざかけに
ひまがあるとき
リボン結びを
いっぱい作って
おきます
ところどころに
ポケット…
メモなど入れます
en bandel
Cham
consti
delette
aille conet

リボンひとつで
おしゃれになります

♡電気のシェードにひらめきの
ちょっとしたカケラを
セロテープでくっつけます
スイッチを入れると、
おへやにニュアンスが
生まれます…

気分が
パッとしないときは
メモがおすすめ。
スラスラと、上の空でメモを
書きましょう!! みるみる心が…
ほどけてきます♪

アロマセラピーといっても
とくべつのことではなく、
レモンやゆずの皮
セロリの葉っぱや
みょうがやしょうがの
香りをスーッと吸いこんで
さわやかになる…それが
日常的なアロマセラピー♪
ふふふ

表情たくやしいのは
よいこと。しかし
くやしすぎるのは
STOP!

そうです!!
あんまりがんばりすぎないで。
今のままでOK!!
自分でたまには
STOPかけて
STOP!!

話のわかる
STOP博士

頑張りすぎないで ときにはSTOPが大事！

親切なのはよいこと。
しかし、親切すぎるのは
STOP!

なやむことは
よいこと。しかし
なやみすぎるのは
STOP!

愛するのはよいこと。
しかし、愛しすぎるのは
STOP!

関心深いのは
よいこと。しかし
関心しすぎるのは
STOP!

大切なひとが
亡くなってしまったら？
ひとつだけ良いことは、
もう2度と亡くなる
心配がないという
安心感ですネ

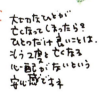

ベレー帽でおしゃれ

ふふ
セーターの
そでだの
身ごろの
部分を
帽子に
します。
ビーズや
ボタンを星くずの
ように!!
←の駅で
お・みかけして
ストーカーのように
ついていって。
今では
なかよしの
おともだち
more
more
more
新しい
明日に
むかって
Life marathon
もっと
もっと。
じのマラソン!!
La maille
en ban
S'offrir la m
se
ベレー帽に
同系色のリボンを…
地味な
ちょうちょのように
止まらせます
「わーかわいい!!
買ったの?
作ったの?」と。
ついつい
話しかけて
しまいます
ベレー帽
には
小さな
ぬいぐるみが
おすすめ
お散歩の
道づれに♪

シンプルなおしゃれをしましょう

スパッツ、タイツ、ストッキングで手づくりのおしゃれを

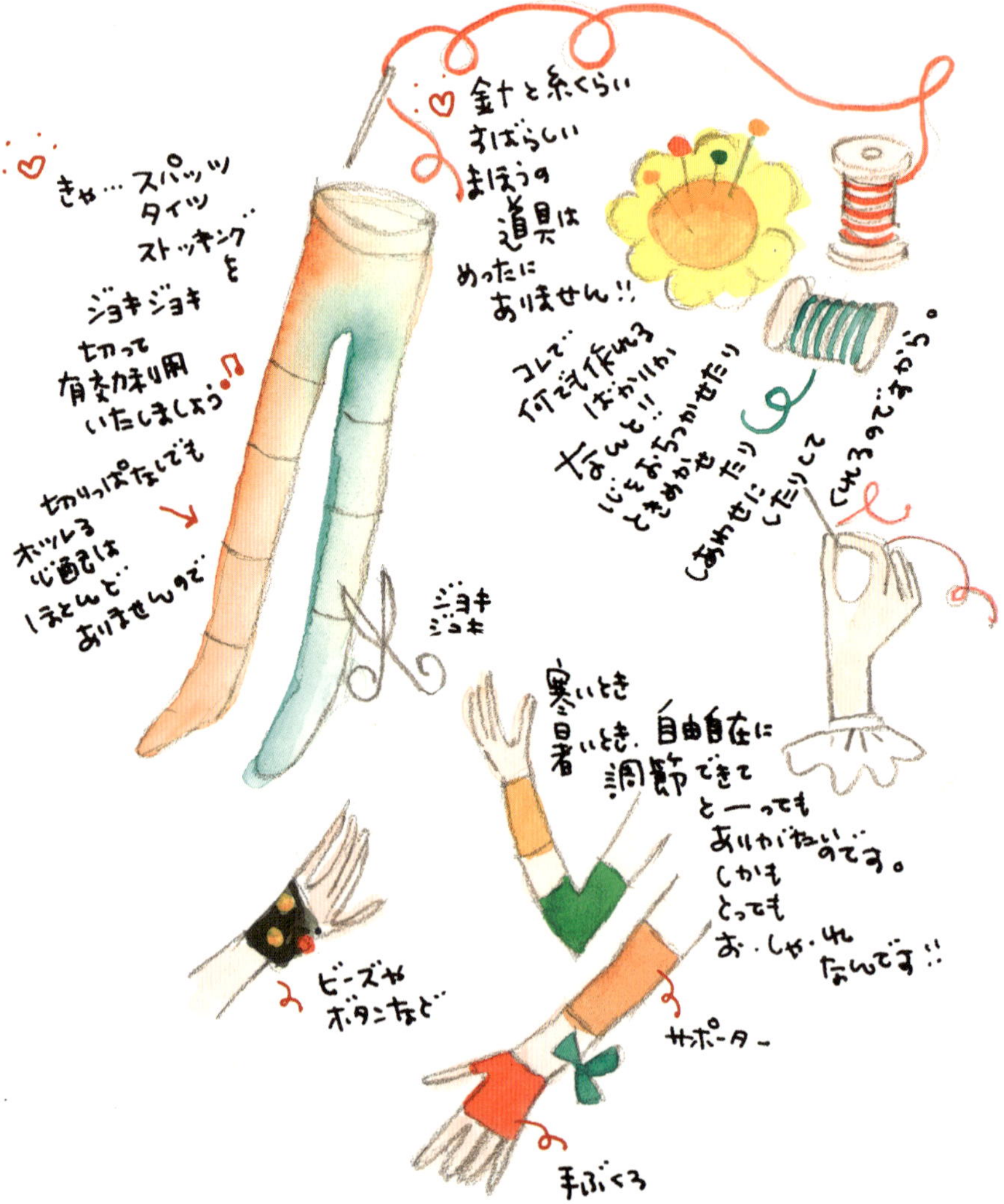

やっぱり猫はスゴイ！

NO CAT NO LIFE

やっぱり猫はスゴイって知っていますとも!!
なんでも見える瞳
ひげのアンテナ ppp…とたてて
ごまかしは見て見ないふり？しかし、
「ドタバタうごく人はキライ
しずかに音をたてないで
そよ風のように～よろしく。
かるくかるく、上へ上へ
からだを浮かして使って下さい。
ドデンと、重心を下げないで、
よろしく。」
3ヶ月の黒猫Pの
お説教で～す。
ま、コレを守ってくらすと、
ストレッチングにgood
なことは
たしかです。

ちょっとしたモノも
おしゃれで
美しく変身!

こうもり傘の骨に
いろいろ
ぶら下げて
さかさまに…
ふしぎの森は
花ざかり

レエスやボタンを、
ガラスの大きなびんに
入れています。
ながめると、
ま～そこらの宝石より
ずっと、ずっと、美しいです!!!

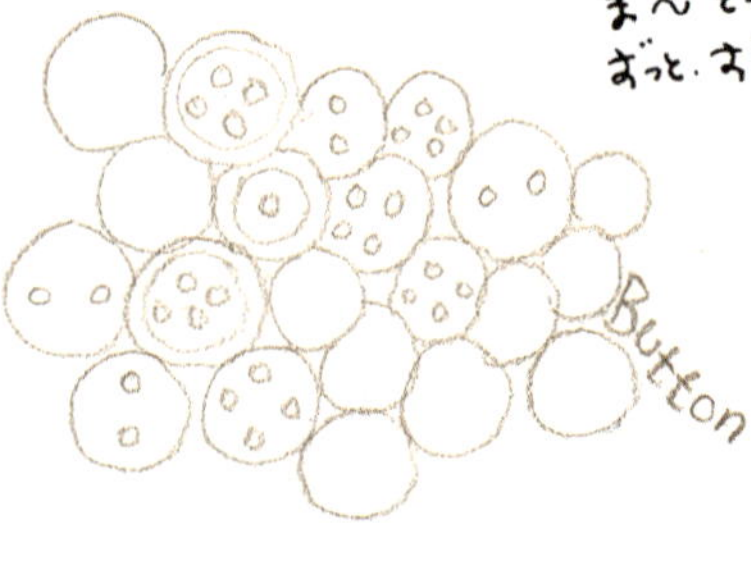

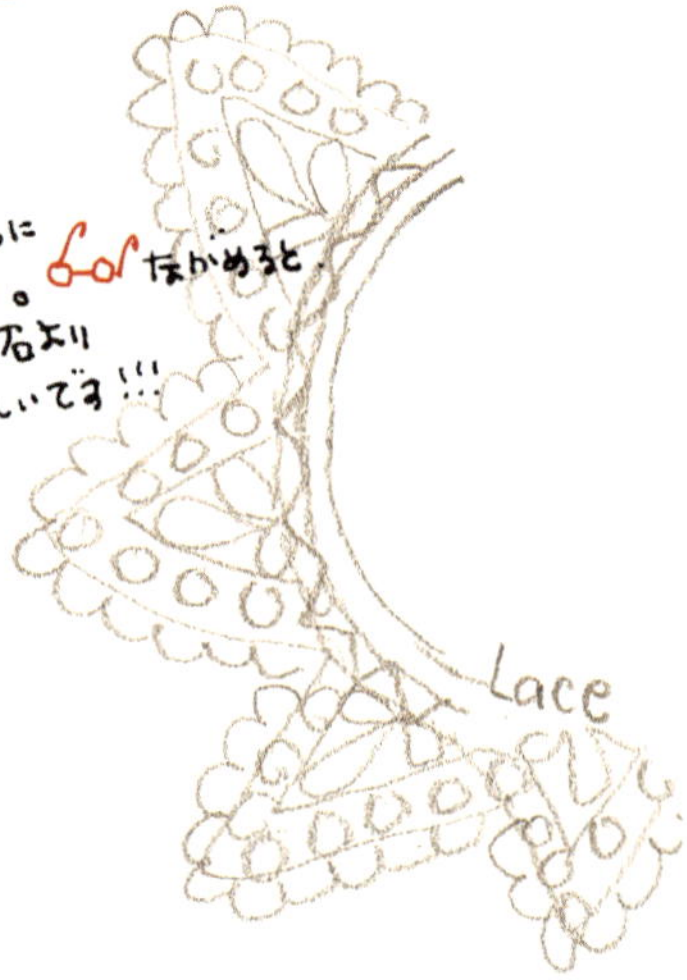

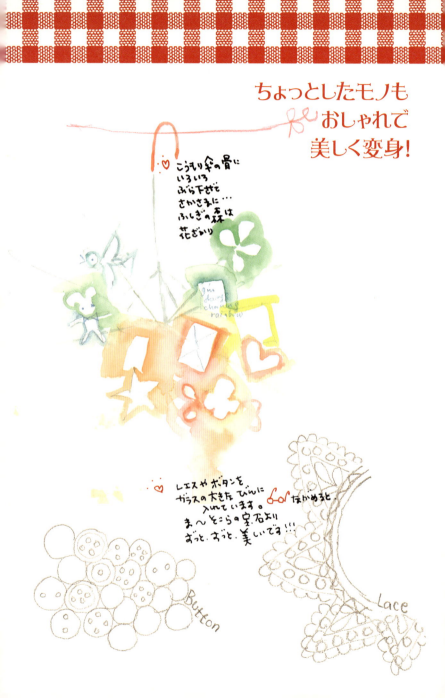

少女のころの思い出は永遠

おともだちの
おしゅうとめさまは
子どもの頃の
うさぎのぬいぐるみを
おばあさんになっても
たいせつに
だっこして
眠るそうです。
わたしも
なんか大きな
おふとんみたいな
ぬいぐるみを
作りたいと
思っています!!
たのしみ

ゆ〜
生命線て
ドレ?
これは
山手線?

♡ 虫めがねは
ステキ!!
たまには
用もないのに
世間知らずの
子供のように
なって
虫めがねで
のぞいて
みましょう。

めがねで
おしゃれしましょう

空には月も星も
あったと
とつぜん気が
ついたり
するのは
こんな時

草むらには
星がいっぱい、
お花はシャンデリ

きゃ
くらくら
するる〜

♡ あこがれの
老眼鏡

子供のころから
あこがれていました。
キラリと光るレンズ
ジロリと、上目づかいにみる
お目々!!
ふふ…
ステキです!!

〈著者近影〉

何年ぶりかで、新しい黒猫Pちゃんが
やってきました。
元気すぎる
男の子、3ケ月。
まだ1匹で
100匹分のかつやく!!

◎野性のパワーをもてあまして、いるので、部屋にとじ込めておく
のは、気の毒みたい。自由に出入りできるのが、やはり
理想的って。よく考えてみます、ネ

おばあさんの恋愛は
つつしみ深い

おばあさんの恋愛って、どんなものなんだろう？

きっと若いときとは違う展開があるでしょうね。

「若い女、若い女」

日本の男の人って、みんなそう言うじゃない？

そういうことばかりじゃなくて、渋いおじいさんで、すごく話のわかるような人がいれば、それはありうるんじゃないかしら。

いいお友達っていうような関係が。

「ア・ラ・カルト　役者と音楽家のいるレストラン」（三谷幸喜作）っていうお芝居があるの。

出演者の高泉淳子《たかいずみあつこ》さんという女優さんが、とても素敵。

彼女は青少年もお得意、老婦人もお得意。老婦人がおしゃれをして、「あらまあどうもお待たせしました」と、レストランにやってくるの。

それで、飄々としたおじいさんが相手役で。両方とも一人暮らしらしく、会話をしているうちになんだか話が合ってね。

「こんど、ぜひそれを見に、うちにいらしてください」

「あ、そうですか、ぜひ」

そんな感じ。

ワインがテーマなのよ。メニューから選んで、テイスティング。

ワインの香りをかいでから、おもむろに一口。そのシーンにすごく人気があるの。お客は思わず、息をのむわけ。

おじいさんも堅物な人で。大人の節度があって、何か夢中になって言いかけて、遠慮がちに引いたりする。

こういう、つつしみ深くて、ロマンチックな、ほのぼのとしたおつき合いって素敵！

高泉さんがまた、この老婦人の役を思い切り楽しんで、上品にユーモラスに演じてらして、お見事なんです。

※

おばあさんと恋愛映画

おばあさんと少年や青年というのはあるかもしれないわね。

若い男の人がマネージャーで、年配の女の人が作家で、二人の関係がちょっぴり、噂になったり。

そういえば、「ハロルドとモード　少年は虹を渡る」というフランスの映画がありました。

ハロルドっていう少年と、モードっていうおばあさん。

自殺を演じることを趣味にしている一九歳の少年ハロルドが、天衣無縫な七九歳の老女モードと知り合うの。

それで価値観がガラッと変わって元気になるってお話だったかも。

でも、おばあさんのモードは、最後にお薬を飲んで死んじゃうのね。モードはすごく明るくてポジティブで、少年が救われたのに、お薬を飲んで死んでしまう。ハロルドに手紙を残して。

それが潔いみたいな感じでね。

このラスト、難しいわね。

一緒に見ていたお友達と、「なんとかならなかったのかな」っていう話をした覚えがあるわ。

とても綺麗に消えるってことかしら？　そのおばあさんが。

そこだけちょっと気になったけど、うろ覚えなので……。よく、考えてみます。

7

ずっと健康でいる毎日の過ごし方

家事で鍛えられた

私から体力を取ったら何も残らないって、悪口を言われているの。(笑)

体力があるっていうふうに言われています。

子供のとき、母がミシンをかけて内職してたのね。私は八歳くらい、弟は赤ちゃんだったけど、もう当然のように私がおんぶしてました。毎日。

昔はどの子もお姉ちゃんがおんぶしたんですよね。

私って長女でしょ。だから、お友達に会いに行くときでも、遊ぶときでも、ゴム縄をするときでも、いつも背中に弟がいたんです。

重たいんですよ、男の子って。

それでね、母がおっぱいをあげるときだけ下ろすの。

「わあ、軽くなった。天に昇りそう!!」

そんな気持ちになったのを覚えています。

それで、弟のみならず、妹も「おんぶして〜」って言うの。

弟や妹をおんぶし続けてきたから、足の骨が丈夫になったんだと思います。

母がミシンで忙しかったから、ほかにも「あれやって、これやって」「おうどんを茹でて」とか言われて。

結局、家事に鍛えられたと言うのかしら。

大人になっても粗食が大好き

もともと私には、豪華なご馳走を食べたいっていう気持ちはないの。
美味しいものは一回食べればＯＫ。
「ああこういうこと、こういう味なのね。なるほど」って。
私、食糧難の時代に育ったでしょ。
小学二年生のときから二年ほど疎開したんです。
もちろんご馳走なんかない。
白いご飯もたくさん食べたことなんてない。

麦とかお芋とかを混ぜたりしていた。

お野菜は、ヨモギとかセリとか、ああいう野草だった。甘いものはね、干し柿の皮を干したリボンテープみたいなもの。あれがすごく甘いんですよ。

キャラメルみたいな味がするって母が言って。それで「甘くて、おいしいね」と食べたりしていた。

タンパク質はイナゴとか。炒ってお醤油をかけたりして。

大根の葉っぱとか、ニワトリのエサとそっくりのお食事でしたね(笑)。でも美味しいと思ったし、そういうものなんだと思っていたわ。

大人になってから母に話したの。

「ねえお母さん、私たちって成長期に、ヘルシーなものばっかり食べてたわけね」

「いわゆるオーガニック?」

「だって、いまシリアルとか大流行じゃない。あんな感じじゃない？」

「あら、そう？」

甘いものを食べていないから、歯も丈夫で、今も全部自分の歯なの。

痩せていて骨と皮だけの子だったけれど、骨もすごく丈夫だし、かえって良かったかなって思う。

ティーンエイジャーの時代も、甘いケーキ類より、おつまみみたいな、ぱりぱりポリポリしたものが好きだった。

ピーナッツとか、小魚とか、干物とか、焼き海苔とか。ああいうのが好きだったのよ。ふしぎ。

子供のときに粗食だったからって、いまでもとくにご馳走を食べたいとは思わないの。

玄米が大好きで、玄米のご飯をメインにして野菜とか。

昆布をパリパリッと折って、お水につけておいてスープを作るとか。

本当に時間がかからない簡単なものばかり。
だから胃腸の調子もいい。
恥ずかしいくらいお金がかからない暮らしなの。
大人になっても粗食が大好きよ。

お酒を飲むと
なんでも美味しい

おつまみ系が好きなので、もちろんお酒も大好き。ワインもウイスキーも日本酒でもなんでも。

飲みに行って、そこでおつまみとかあれこれ選ぶのは、とても楽しいひととき。

お酒に合うものって大好き。

飲みに行かないときは、晩ご飯の支度をしているときなんかに、ちびちび飲むの。

お酒を飲むとなんでも美味しくなっちゃうみたい。

平凡なおかずでもとたんに美味しくなる。

最近はおばあさんでも、肉食でワインも飲む、というような人が多いじゃない？　一〇五歳で、とかなんとか。

私はそれほど積極的じゃないけど、まあ何かにつけてチビチビ飲む。

それでなんだか温かくなって、たちまち気分も良くなるのは不思議。

とてもハッピーな感じね。

外で飲んだときは、笑い上戸っていうか、なんでも面白く感じるわね。

人が言ってることや、しぐさがなんでも面白くて、笑ってしまうの。

そんなお酒の飲み方ね。

テレビは独居老人の友

テレビは独居老人の友よ。大好き。
じっとは見ないけど、つけっぱなしにしておくの。
そこからあらゆることが、ニュースやなんかで飛び込んでくるじゃない。
世の中に向けている窓だと思って、家に帰ったらすぐにパッとつけますね。
みんなやってると思うのよね、一人暮らしの人は。
やってない人がいたらお勧めしたいわ。ぜひ。
つまらない番組ばかりなんて言う人がいるけど、とんでもない。

一生懸命に工夫して作っているでしょう？　ニュースでもスポーツでも、すごく面白い。

スポーツなんか、自分でやってる気になって。駅伝でもサッカーでも。それが体にいいの。テニスも野球も、ドキドキしながら。

細胞がその気になっちゃってるわけ。暗示にかかって。脳が指令を出してるのね、きっと。

試合に勝った選手、負けた選手、それぞれの顔を見て感動するの。

勝ったほうには、「いい気になっちゃダメよ。気をひきしめて」。負けたほうには、「大丈夫、リベンジ、リベンジ。次にそなえてね」と、勝手に熱いコメントを送ってるの。

目から入ってくる情報を信じてる。

「健康法は？」って訊かれたら、「スポーツ番組よ」ってありうると思う(笑)。

歩いていると毎日が発見

私、よく歩くの。

でも、歩くことだけを目的にはしていない。

だからいわゆるウォーキングってのはしないわね。

何軒かのお店に買い物に行ったり、バスがなかなか来ないから歩いちゃおうとか。郵便局に速達を出しに行くとか。

歩くのはとてもいいって言いますよね。

いろんなことを思いついたり、気分転換とか、頭の中の整理整頓にもいいみたい。

このあいだ渋谷の映画館に行って、駅に戻る途中でね、ピンクのバラを拾ったのよ。

ピンクっていろいろあるけど、グレイがかったとっても上品ないいピンクだったの。

「うわー、綺麗！」って拾って、「ああよかった」って思いながら歩いてたの。

そうしたら、こんどは白いバラが落ちてたわけ。

「わあ、素晴らしい」って、また拾って。

よく何度も拾うわよね。何かのパーティーのあと、誰かが酔っ払って、浮かれて落としたのね、たぶん。

下を向いて歩いているのかもしれないけれど。

先日も、何かの容れ物の蓋を拾ったの。

缶詰みたいなのが車にひかれて、ぺちゃんこになっていた。すごくいい形にね。なんだかオブジェみたいな感じ。色も綺麗で。
ちょっと勇気がいったけれど拾っちゃった。
歩いていると、こんな意外な素敵なものが降ってくるみたい(笑)。

ステッキのおしゃれ

私、ステッキを使うことに憧れてるの。

実際には使っていないんだけど、旅行に行くたびにステッキを買っていたんです。

ウィーンなんかでもね、古道具屋さんでシルバーの持ち手がついているものを見つけました。

パリでもステッキは買ったわね。手のひらにバラの花が当たるようになってるんです。おしゃれでもあるけれど、手のツボ押しにもなってるの。

ヨーロッパだと、あまり年をとっていないけれど、マントみたいなコートを着て、細いステッキをついて、お散歩している女の人がいて、見とれてしまいました。

おしゃれだな、ああカッコいいなあって思って。

私の足が悪くなって、ステッキをつくようになったら、「ついにあの人……」とかさぞかしうるさいでしょうね。「どうされました?」みたいな。

そういうふうに思われても構わずにステッキをつくのって、けっこう勇気がいるような気がする。

でも、さわやかに、さっそうと「あら、こんにちは」って笑顔でご挨拶したいですね。

ある雑誌で写真を撮るときに、ステッキを持っている姿になったことがあるんですよ。

とっさにステッキを握って、カメラマンさんにOKをいただきました。

憧れのファッションだったのね。ぜんぜん違和感がなかったです。
素敵なおばあさんには、ステッキのおしゃれってあり、ですね。

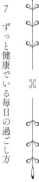

8

親の介護も新しいワールド

病気になっても堂々と

介護は大きなテーマですね。

父も母も、よく夜中に救急車で病院に運ばれたんです。

お医者様のアドバイスは、さすがに専門家だと思いました。

適切なことを言ってくださって。

いろいろと検査をするあいだ、廊下で待ってるんですよね。

そのうちに呼ばれて、説明をしてくれるでしょう？　折れ線グラフみたいなものを見せながら、「ちょっとこの数値がなんとか、かんとか」って。

ポロポロ泣いてると、「お元気なときのお父様と比べないでくださいね。お元気なときと比べるから、悲しいとか不安になるかもしれないけれど、いま現在をよく見てくださいね」と。

「この年で、こういうことがないということはね……」

そうおっしゃったので、「ああそうなんだ。年をとったら、どこか弱ってくるのは自然なことなんだ」ってわかったんです。

泣くとか、ガッカリするとか、そういうことではなくて、ありのままを見る、受け入れる。

そういうふうに思ったら、もう涙をふいて。

精一杯、一生懸命になって看病したんです。

それでね、手に触ると温かい、そのことさえ、とても嬉しくてね。

手をさすったりして反応があるとすごく嬉しいのね。

実は、妹もパーキンソン病で倒れているの。

病気になると、本人自身も残念だけど、まわりに迷惑をかけてるって気兼ねをするんです。

だけど、まったくそんな必要はないのでは？

堂々と、ありのままでOK。

誰も悪くないんだから。

介護は相手から守られている

M市の実家と仕事場を小田急線で往復してました。リュックを背負って、せっせと通いました。

ちょっと遠いんだけど、ぜんぜん遠く感じなかった。本当は寝不足。二時間くらいしか眠れない。父は入院中。母と妹に、代わりばんこに呼ばれて、ベッドにかけつけます。

これは私が言ったんじゃないけれど、介護というのは、やってあげてるんじゃなくて、実は相手から守られてるんですって。

わかりにくいけど、そういうことを言った人がいたの。なぜかそのとき、すごく嬉しかった。そうなんですね。守られてるんですね。

だから一方的じゃない。

介護って、相手からすごく与えられるものがあって、エネルギーももらえるの。それを実感しました。

だからね、「介護がやんなっちゃう」って言う人がいたら、「親が生きてるなんて羨ましいわ。なんにも言わなくていいから、手を握ったり撫でたりして、ちょっとでも握り返してきたら最高よ」

って言ってあげるの。

介護のコツは「褒めて褒めて褒めまくる」

お友達でヘルパーさんをしている人がいるの。

その人からのアドバイス。

「お父さんもお母さんも倒れたら、励ますんじゃなくてね、褒めて褒めて褒めまくるのよ」

これ、ものすごくありがたいアドバイスでした。

「ありがとう」っていう言葉は、意外と身内でもきまり悪くて言いにくい。

でも「さすが」は言いやすいんですよ。

「なんとか、かんとか」って言ったらね、「さすが」って耳元でささやくの。

本当にそれは嬉しそうよ。

「おかげさまで」と言うのもいいわね。

意外と親って、かしこい娘に散々注意されたりすることはあるけど、褒められるチャンスはないのよね。

だから、「さすが」とか「おかげさまで」は点滴より効くのよ。お薬よりも効きます。間違いない。


褒められて怒る人はいないですよね。

母は家庭の主婦だったんですけど、

「本当のキャリアウーマンって、お母さんのことよ。夫の面倒を見て、子供を四人も育ててすごい！」

そう耳元でささやいたの。

そうしたら、もう九〇過ぎの母の目がキラキラ輝いて。〝キャリアウーマン〟

という言葉が嬉しかったみたい。

そういう当たり前のことを褒めるといいのよ。

病院の待合室などで「しっかり者の娘」をよく目にするんです。

かしこい娘っていうのは、「お母さん、自己管理がなんとかよ」とか、上から目線なのね。

「コレコレ」って、そんな娘さんのおでこをコツンとつっつきたくなりますね。

これまで散々お世話になってきたのに、まるで自分一人で生きてきたように勘違いしてるのね。

オシメを取り替えてもらったり、熱が出たらお医者様に連れて行ってもらったり。そういうことを、何回もやってもらっていたのに。

親が弱い立場になると、そういうことを忘れてしまうのね。

私はこれまで散々お世話になったんだから、生きているあいだに恩返しができると思うと、もう嬉しくて嬉しくて。張り合いがあってぜんぜん疲れないの。

だから、そういう母が亡くなったのは超ガックリ。

お友達なんかは、

「親の世話がなくなって自由になって、自分のことだけ心配すればいいんだからよかったね」なんて言うの。

でも、そんなのつまらないわ。

自分一人じゃない

病院のベッドだと、グローブみたいな手袋をはめさせられるの。自分自身ではそれを外せないのね。チューブを勝手に外さないようにするために、切ないやり方だけど仕方がない。

私が会いに行ったときは、許可をもらってそれを外すの。そして、手を撫でてあげて、いたわるのよ。

帰るときはそっと、またはめてあげる。「規則だったから仕方がないの。ごめんなさいね」と。

家族が来ない人なんかがいると、気の毒に思ったし、羨ましいと思わせたら悪いと思って、「お邪魔しました」と挨拶して、お布団を直したりして帰ったわ。

でも、そんな時期がとても楽しかった。

それに、そういうところに行くと、自分一人じゃないってわかるわけ。みんな大変だなって。

そこがいいいんですよ。仲間がいるってことだから、「お互い大変だね」っていうことで。


介護のために病院に通っていると、そういう方たちとすれ違うのね。それぞれ事情や病状は違うけれど、みんな大変なんだなあ、自分一人じゃないんだなあって。

そして家に引き取ったら、こんどはヘルパーさんのお世話になったの。一日二時間くらい来ていただいて。それがすごくありがたくて。

ヘルパーさんは訓練を受けているから、いい方ばかりだった。和気あいあいとやれて、すごく嬉しかったわ。

介助されるほうも、ヘルパーさんが来れば、ちょっと緊張して「ご苦労さま」とか「ありがとう」なんて言ったりして。

これが大事なんですよ。家族だけでなく、客観的な人がいるのが大事。

父は病院で亡くなったんですけど、本当は自宅での看取りを希望していたの。でも、明治の人だからダンディズムがあって。

娘が世話をするとね、我慢しちゃうの。

それが切なくて、仕方なく病院にお世話になったわ。

母は、なだめてオシメをするようになったわね。「ベルサイユ宮殿のお姫様よ」とか言って。「よきにはからえ」って任せればいいの。ぜんぜん恥ずかしくないわよ。

私は、子供のときからコールドクリームでマッサージしたりするのが好きなんです。母が逃げ出すほど（笑）。髪をピンカールして美容師気取りで。そんなお世話をするのが好きだった。
いま思い出しても楽しかったですよ。

「それはボケてません！」

ちょっと笑えない話があったの。

父と母は実家で二人で暮らしていたんです。

私はすごくいいバランスだと思って安心していた。二人がそれなりに仲良く暮らしていると思っていたのね。

私はなかなか忙しくて帰れなかったんだけど、あるとき、母から電話がかかってきたの。

「お父さんがボケてきちゃったから、ちょっと見に来てよ」

「えっ!?」

すっ飛んで行ったわ。

そうしたら、母が「お父さんがね、昨日から一言も口をきかないのよ」って言うのね。

そのとき私は、銀座でお友達と二人展をやっていたの。父はその展覧会から帰ってきたあと、ずっと機嫌が悪いとのこと。

「どうして？」

私が訊くと、母がこう言ったの。

「あんな絵にあんな高い値段をつけて、平気でいるっていうのは、神経がおかしいぞ」

そう父が言ってるって。

「お母さん、それはボケてません！　その通りです！」

「あら、そうなの？」

「お父さんは本当に頭がちゃんとしてるわ。モンダイなーい」

私は安心して帰ってきちゃったの。

この一件は笑い話になったけど、すごくよく覚えてるんです。

その展覧会の絵の値段、もちろん私がつけたんじゃないんです。

画廊の人が決めたので。

銀座だから、私も実は「高いなあ」と思っていたので、父の不機嫌はごもっとも。ぜんぜんまともで、安心したのでした。

それこそ「さすが！」です。

強烈なワールドが待っている？

いまは体が動くからいいけど、動かなくなると、一人暮らしって大変だなって思う。

動かなくなってからは、一つのワールドよね。

私も『不思議の国のアリス』になぞらえて、のんきに「どういう世界だって冒険だと受け止めましょう」なんて言っている。

たしかに理屈はそうなんだけど、本当にそうなったときってどうなの？

親を介護していたとき、私は夜にリュックを背負って、毎日親の家に向かって歩いていた。

そのとき、「なんだろう私？　何してるんだろう？」と思って、「いまは介護の国に来てるんだ」って思うようにしてたの。

「そんなふうに捉えればいいや」って思った。

けれど、自分が年をとったら、歩けなくなったりすることだって起こりうるし。


しかも一人暮らしってことなら、相当に強烈なワールドだと思う。

いままでは経験がいっぱいあるからいいいって言ってるけど、この先を考えるとね。初体験。新しいワールド。

先のことは考えないようにしよう。ケセラセラ？　でも、考えざるをえない。

そうなったら、どうするんだろう？

おちゃめではいられないかもしれないわ。さすがに。

でも、ほんの少し、楽しみって気もする。いままで経験したことがないんですもの。

いつだって映画はおしゃれの宝庫

9

映画はファッションのお手本

映画から学んだことって、すごくたくさんあります。

仕事がまだ少なくて暇だった頃、家に帰る前に映画を見てたんです。当時は、よく名画座で三本立てとかをやってたの。ヌーベルバーグ三本立てとかね。

ゴダールの「女は女である」なんか、何回見たかわからないわ。主人公がパリの下町の普通の女の子なんだけれど、もう何から何まで、いちいち可愛くて。ドキュメンタリーみたいな、コラージュみたいな、おしゃれな

おしゃれな映画でした。

ゴダールが新聞に、「主演女優と妻になってくれる女性を求む」という広告を出して、応募してきたアンナ・カリーナの当たり役になったとか。

それからオードリー・ヘプバーンがアイドルだった。「ローマの休日」から「麗しのサブリナ」「ティファニーで朝食を」とか全部見ました。

彼女はジバンシイのデザインがお気に入りで、彼のファッションはシンプルでチャーミングでエレガント。即、イラストに活かせるものだったわ。

女優さんが演じているのに、なんだか本当にスクリーンの中で生きているようだった。演じていることを忘れさせる素敵な存在感。

こんなお手本は珍しいので、絵を描くときに参考にしました。

映画は本当にもう動くお手本。参考書でしたね。ファッションの。

いまでも記憶に残っている映画がいっぱいあって。

「シェルブールの雨傘」「女は女である」「麗しのサブリナ」「昼下りの情事」「突

「炎のごとく」などなど。

もう、ありとあらゆるものを見ました。

「若草物語」とか「風と共に去りぬ」とか、名作も見ましたけど、フランス映画ってね、なんかすごく性に合ってたみたい。

フランス映画ってオチがないっていうか。哲学的な余韻が残るみたいな。映画が終わって映画館を出るときも、昨日と明日のあいだに境目がないような感じ。「めでたし、めでたし」っていう決着がない。

わざわざ映画館に行って、「ハッピーエンドじゃないと損した気がする」って言う人もいますけど（笑）。

お金を払って、なんだか昨日のままのように風が吹いて、二人はどうなるかわからないってフランス映画は、「ニガテだわ」という友人がいました。

私のほうは、「やっぱり人生って割り切れないものだなあ」と思ってたから、フランス映画はわりと好きでしたね。

漠然と帰るときに落ち込んだりもするんだけれど、やっぱり、いつもいつもハリウッド映画のようにハッピーエンドってことはありえないのよね。映画はいろいろあって、だから、素晴らしいって思いますね。

映画から受けた多大な影響

映画から、かなりファッションへの影響を受けました。

すごくわかりやすいし、雑誌や絵や写真と違って、映画って動くでしょう？

フランスの砕けたファッションっていうのはよく見ました。

たとえば、ブリジッド・バルドーなんて可愛かったわ。

セクシーって言われてるのに、実は少女っぽいっていうか。ギンガムチェックのギャザースカートなんかもお似合い。

体も細くて、可愛いって印象。

おしゃれな人って言うと、やっぱりオードリー・ヘプバーン。彼女はエレガントな女優のアメリカ版といった感じだった。声も素敵。イラストの参考になるタイプで、描きやすい顔だったのよ。絵になりやすいんですよね。ずいぶん真似させてもらいました。あと、「アンネの日記」のミリー・パーキンスとか。

「太陽がいっぱい」のマリー・ラフォレとか。

それとジェーン・バーキンね。

ジェーン・バーキンはファッショナブルっていうか、やっぱりナチュラル。フランスの人はナチュラルを重んじているから。

もう数え切れないくらい映画を見て、家に帰ってきてスケッチして、その次の仕事にすごく活かした気がします。

やっぱり仕事とリンクしてるっていうか、仕事に活かすっていうのが無意識のうちにあったんです。

古本屋でいろいろなスタイルのファッション雑誌を買ったりして、家でスクラップしたり、映画は動くからとても参考になりました。決まったポーズじゃないポーズを取るときに。

渋谷の文化村なんかで、そういうヌーベルバーグ特集があって、ときどき見るけど、ぜんぜん古く感じない。むしろ、新鮮な感じ。

フランス、イギリス、アメリカのおばあさんって、すごみがある人が多いのよ。

ブラッディ・マリーを飲んでいるおばあさんとか、ああいうのはカッコいいと思う。

日本だったら、いじわるばあさん？（笑）

欧米にはいるみたい。バーなんかで一人飲んでサマになってるおばあさん。

ミステリー小説かなんかに出てきそうな、おじいさんだかおばあさんだかわからないようなおばあさんって、大好き。

あと、ミス・マープルみたいに、ロンドン警視庁の甥っ子の謎解きを、編み物しながら手伝ってくれるプロ顔負けのすてきなおばあさん。

個人的には、ああいう欧米のハードボイルドなおばあさんって楽しいなって思うの。

もう、女だか男だかわかんないようなね。（ミス・マープルさんはおんならしいけど）

人間だか妖怪だかよくわかんない。ほとんど魔法使いみたいな。

ああいうのに憧れるっていうか、カッコいいなあって思いますよね。

映画の楽しみ方あれこれ

私の知り合いに、映画を年間二〇〇本以上見るおじさまがいるのよ。商社マンだったんですけど、退職して、映画が好きだから映画人生になってるわけ。

このあいだ、久しぶりに、偶然その人と街で会ったの。夕方でした。

「いまも映画を見てらっしゃるんですか？」

「もちろん！」

「まさか、これから行くんじゃないでしょうね？」

「もちろん見に行きます！」

「カリガリ博士」というドイツ映画をこれから見に行くって。活動弁士が来るって言うの。

「私たちも行く」って友だちとそのまま付いて行って、「カリガリ博士」と、もう一つ何とかっていうトーキー映画を見たわ。

このおじさまはね、もう本当に半端じゃなく見るんですよ。

なんでも見るんだけど、三流と言われる映画でも、つまんないと思ったことは一度もないって言うんですよ。

「だって、映画を作るのって大変ですよ。一生懸命作ってるんだから、どんな駄作にも必ず感動的な場面があるんです」

そう言うんです。

「カメラマンとか、いろんなスタッフがいるでしょう？　いつかは自分が監督になるっていう人たちがいるんだから、どんな作品でもね、キラリと光るシーンがあるんです。それを見つけると、嬉しくなるんです。だから、つまらない映画なんて一本もないんです」
「なるほど」って聞いてました。

そのおじさまは、映画の中でキメのセリフを見つけるのが好きなんですって。それで私、「ロッキー・ザ・ファイナル」って映画を思い出したの。こんどね、新しく始まる芥川賞作家・青山七恵先生の「ハッチとマーロウ」という小説の挿絵を描かせていただくんですけど、そこにカッコいいお母さんが出てくるの。

そのお母さんが「ロッキー・ザ・ファイナル」をDVDで見て、「号泣していた」っていうところがあったの。

私、「ロッキー・ザ・ファイナル」って見たことないけれど、そのおじさまに、「ロッキー・ザ・ファイナルは？」って訊いたら、「もちろん見ましたよ」って。それでキメのセリフなんだけど、「人生というパンチほど重いものはない」ってロッキーが言うんですって。

「僕はそれに痺れました」って。

いまでも一年に二百数十本も見てるんですって。

前はもっと見てたらしいんだけど、もう体力がついて行かないとか。

それでも、一日五本くらい見ちゃうそうなの。

そのおじさま、ノートを持っているんですよ。見たい映画が全部書かれているの。

これから見るのは青鉛筆とかで印をつけているのね。

こうなるともう、映画が栄養たっぷりのお食事みたいね。

キメのセリフには女性版もあると思うの。

映画からもらったおしゃれでカッコいいセリフって、山ほどあると思うのよね。そういうセリフ集のノートを作ったら楽しいかも。

たとえば、人生について、男性について、恋の場面でカッコいいことをピシッと言ったりするセリフがあるはず。

おしゃれというか人生のキビにふれるような。

何か失礼な目にあったとき、ホレボレするような、エスプリのきいた、しかも笑えるような言葉を返したいですね。

それを集めたノートをそっとポケットにしのばせて。

上手くいかないことも人生

おばあさんが出てくる映画で、「黄昏」っていう映画がありましたよね。

キャサリン・ヘプバーンとヘンリー・フォンダの共演。

私はあの映画、とても切なかったの。

あんなに素敵な、「十二人の怒れる男」などに出ていたヘンリー・フォンダがおじいさん役になって、おうちに帰る道がわからなくなったりする。

うつろになって歩いているのを見て、ショックでした。

そのときは、まだ悟りを開いてなかったから悲しかったけど、いまになってみれば、そのボケたりなんなりっていうのは、『不思議の国のアリス』のワンダーランドだってわけですよね。

いままでに行ったこともないワールドに入って、おうちがわからなくなる。

「なにこれ？」っていうところに入っちゃう。

でも、そんなことでガックリして悲しんでいるヒマはないわけ。

「あら初めてだわ、この気持ち」って思うしかない。「冒険なんだ」って。

美化して励まして、無理に元気になる必要もないし。

おしゃれっていうことは、華やかにピッカピカになることじゃない。

上手くいかないようなことも受け入れる。

「ＯＫ、ＯＫ、それが人生ね」という受け止め方、すごくおしゃれって思います。

ありのままに謙虚に受け止める。

「うーん、そうなのね。何歳にはできたことが、何歳でできなくなるのね。ふーん、なるほどね」

そういうふうな受け止め方もおしゃれかなと思う。

10

これまでの仕事、これからの仕事

とても忙しかった二〇代の頃

私の二〇代は、もうわけがわかんない時期でした。
自分の進路を決めるときで、すごく迷った。
仕事に専念するのか、結婚して子供を持つようにしたらいいのか。
どういうふうにしたらいいのか、よくわからない。
その日暮らしと言うのか、毎日毎日、とにかくずっと忙しいんですね。
落ち着きがないって言ったらいいのかしら。
仕事も忙しかったんだけど、小学生のときから宿題でもないのにいろいろグッズ作品を作って、提出したりして、とにかくいつも忙しくて。
せっかくデートしてもらったのに、「今日、何日かしら？　木曜日？」とか、
すごく落ち着きがなかった。
「これが済むまで待っててね」とか、そういうことばっかり言ってて。
家族にもそうだし、お付き合いしている方にもそう。
なんでそんなに忙しいのかわかんないんだけれど、すごく気が散っている。
そんなことで、二〇代は本当に忙しかったわ。

仕事か結婚かの三〇代の頃

三〇代っていうのは、モロに仕事か結婚かって迫られた時期。家族とか知り合いの人に、「適齢期がどうとか」って言われるのね。母には「舞踏会の手帖」という映画の話を教訓にしなさいって言われたり。

それが結構プレッシャーになって。

仕事についてでは、自分で自覚してなくて、やっぱりその日暮らしと言うか、毎日のように締め切りがあって。

これが済んでから考えよう、これを描いたら考えようって、人生のことを後回しにしていた。

どうしたらいいんだろうって思いながら、手のほうは忙しいわけ。

傍からは遊んでいるみたいに見えたみたい。

妹や弟も、「お姉ちゃんは仕事してるの？　遊んでるの？」って、よくわからなかったみたい。

この仕事っていうのは、本人が紙と鉛筆に触っていないとできないんですよ。アシスタントに任せるとか、スタッフに任せるとか、パソコンでとか、そういうふうじゃなくて、ずっと触ってないといけない仕事。

それをなかなか理解してもらえなくて。

私が忙しいって言ってもウソだと思われるの。

根を詰めて描いているんだけど、なんとなく遊んでいると思われてしまう。

お酒も誘われるとニコニコ飲んだりしているから、一生懸命に働いているイメージがないらしいの。

現実には、机にひっついている時間がすごく長いんですよ。いまでもそう。だからパーティーなんかも、ちょっと出るけど、帰るのが早い。パーティーに出ても、「こんにちは」って言ったら、タイミングを見計らって、「いつ帰ろうかしら?」と。

わからないように帰るとか、誰かに「ちょっとお先に」と言って帰るとか。とにかくパーティーに行ったら、「あの人はすぐに帰る」って言われていました。

「どうしてあなた、いつもそうやって先に帰っちゃうの?」と、注意をされたりしたんだけれど、それでも先に帰るんですよ。

でね、自宅の机にやりかけの仕事がたくさんあって。考え事は仕事をしながら考える。

それが私の三〇代だったわね。

仕事の流れが変わった
四〇代、五〇代の頃

四〇代、五〇代になると、少し仕事の流れが変わってきました。

それまでの少女雑誌は、読み物とか口絵がおっとりしたものだったんです。けれど、途中から『りぼん』でもなんでも厚くなって、漫画の時代になったの。

だから内容がずいぶん変わってきましたね。

でもね、私って漫画が描けないんですよ。劇画がね。描くように言ってくださったんだけどね。

漫画ってほんとに構図とかいろいろなアングルが上手じゃないとダメで、私なんかは、上半身だけで動いている対談のような漫画になっちゃって笑われたんです。

「これじゃあ向いてないね」ってことになって、ポプラ社の『おちゃめなふたご』とか、『世界名作物語』っていうシリーズに移っていったの。

また、文房具とかエプロンとか、グッズの会社が少女雑誌の絵を見て、「こういうのをうちに描いてください」って言ってくださって。いろんな会社から申し込みが殺到したんです。

要するに、それまでやっていた仕事が、新しい仕事を持ってきたのね。私のほうからアピールしたり売り込んだりしたことって、ついに一度もなかったわ。

全部依頼されてっていうパターン。

その『おちゃめなふたご』というのが、おかげさまでヒットしたらしいんです。

はじめは平凡な学園ものと思ったのが、原作のふたごちゃんがチャーミングだったため、とてもヒットして、いまも増刷されてるらしいです。

仕事が仕事を連れてきた！

そうなると、その頃は、展覧会のお誘いなんかがあるわけね。

私は油絵を習ったことがないので自己流なんです。

知り合いになった油絵の先生から、「いいんだよ、適当で」なんて言われたから、「ああそうなんですか」という感じで。

本などで調べてみると、油絵の具は「なんでもできる」らしいとわかって。

「描き方にこだわらないで、絵の具をいろいろためして工夫すれば、なんでもできるのかなあ」

なんて思って、油絵を描き始めたの。

そうしたら、個展も毎年マイペースでやるようになって、それでどんどん自分のやった仕事が、新しい仕事を持ってきたという感じでした。

たしかに人脈といったものもありましたよね。知り合いが増えていくわけですから。

でも、基本的には、みんな私の描いた絵を見て、ということだった。

コミカルなものとか、ロマンティックなものとか、いろいろと描き分けたりすると、「こっちのタイプで描いてください」みたいな。

「ノーと言えない日本人」の私だから、「はいはい」と言うことを聞いちゃうわけ。

それで、相手が作品をちょっと気に入っていないんじゃないかなんていうときは、私のほうから先に、「描き直しましょうか?」と言ってしまうんです。

すると相手も、「ああ、そうしてくれますか」って感じで。

描き直しとか修正とか結構好きで、ぜんぜんOKよ。

※

もともと、出版社の仕事も、「時間がない」って言われれば急いで描き直して、その日のうちに出版社の夜の受付に届けたりする。「出前迅速」をモットーに。受付のおじさんなんて、私のことを印刷所のバイトさんだと思っていたらしいです。

それくらい、しょっちゅう行っていました。

編集部の人も、大先生だと外で会ったり応接間で会ったりしていたけれど、新人は、直接担当者のところに届けるんです。

大部屋の編集部だから、よその編集部の人も、そんな様子を見ていて、「帰りに寄ってください」みたいに言われて。

私も「はいはい」って答えて、隣の編集部なんかに行く。

そんな感じで、小学館の学習雑誌とか、どんどん仕事が増えちゃったのね。

いつのまにか、おばあさんの仕事が

文京区の弥生美術館で個展を開くお話をいただいたとき、私はもうそんな元気がなく、学芸員の内田静枝さんにていねいにお断りするために、美術館でお断りのおわびの説明をしていました。

その私の言葉の中で、個展のお話はありがたいとは存じますが、もう晩年はおだやかに過ごしたい、というようなところにさしかかると、右側の階段を上りかけていた学芸員の中村圭子さんがダダダと下りてこられ、私の前に立ち、「晩年とおっしゃいましたか!?　私はいま、今村洋子先生のおうちで母上にお会いしてきました。一〇二歳ですよ。一〇二歳」とおっしゃいました。

「…一〇二歳？」。そのとき私は七〇歳でしたので、なんとなく晩年と言うにはナマイキなのかと気づきました。

それでけっきょく考え直して、個展を開いていただくことになりました。

その展覧会で、私の年齢がつつみかくさず表示され、自分でもうっかりしてたのですが、私がいつの間にかおばあさんになったことがわかったのです。

カワイイ女の子の絵を描き続けたことで、「カワイイ」をテーマにいろいろ取材していただき、引き続いて、おばあさんがテーマの座にやってきたのです。

「ひとりぼっち」と思っている女の子に向けてメッセージを送ってきた仕事がいつの間にか、「ひとりぼっち」のおばあさんに向けてのお仕事を連れてきてくれたのです。

おしゃれなおばあさんの生き方 11

おやつのような生き方

おやつのような人を目指すってどうかしら？
メインディッシュに対しておやつのような生き方。
メインディッシュを狙わない。
ゴージャスなものを狙わない。
完璧とか、大きな希望とか、すごく豪華な夢とか、そういうものを求めない。
おやつのように気楽に楽しく生きる。
おやつって、なくてもいいいんだけど、あったらとても楽しいじゃない？

ああ、おやつみたいな人って素敵！
マーマレードとか、はちみつひとくちみたいな人!!

心の中の引き出し

心の中に引き出しがいっぱいあって、そこに大好きなものをぎっしり詰め込んでおく。

困ったときとか、退屈なときとか、不安なときとかに、その引き出しを開けて、一つひとつ取り出してみる。

私には、そういうことがすごく楽しみ。

「こんなのいかがですか？」と自分におすすめ。

女の人ってすごく面白くて、指紋がついたエナメルのハンドバッグを、夜中に柔らかい布で綺麗に磨いていたら、気分がスッキリしたりするとか。

そんなことが幸せな瞬間だったり。

そういうことは、実にささやかなことなんだけど、そういうものをいっぱい自分で知っていれば、いつも機嫌良くいられるんじゃないかしら。

いい人と思われなくていい

人に理解されたいと思うから、つらくなるの。
いい人と思われようとするから、つらくなるの。
人から、「あなたって簡単にはわからない人ね」って言われたら、喜んでいいと思う。
「そうなんですよ、私って簡単にはわからない人なんですよ」って素敵でしょう？
人って、他人からは簡単にわからないものなのよ。

だから、人から簡単に決めつけられたり、「あなたってこういう人よね」って言われても、にっこりとうなずく。

「私は違う」とか言わずに、「たしかに私って、そういうところもあるわ。ふむふむ」と言う。

そういう懐の深い男前なおばあさんはカッコいいと思います。

噂話に巻き込まれない

聞き上手って言葉があるでしょ。
聞き上手ってことは本当に美点だと思うの。
傾聴するっていうのは素晴らしいし、私もそうなりたいと思う。
でもやっぱり、思いついたことを、お友達と同時にしゃべったりしちゃうのよ。
だから私の課題は、まず先に聞くということかしら。聞く練習ね。
でも、これがなかなか難しくて、そう簡単にはいかないの。

「それはそうとねえ」

なんて先にしゃべっちゃう。

私って、のろまのくせにすごくせっかち。

家に家族がいたときも、「えーとねえ」なんて言われたら、「はいはい。OK」って先に返しちゃったりしていた。

そういう、そそっかしいところがあるんです。

でも、噂話はしないかも。

世間には、噂話が好きな人っているじゃない？

自分のほうからはしなくても、そういう人に話しかけられたりすることってあるでしょ。

そんなときは、積極的に立ち向かわないほうがいいわね。

たとえば、有名な人とか過去の人物になぞらえてしゃべるのはいいと思うんです。

架空の人物とか映画のヒロインとかニュースに出てきた人なんかは大丈夫だと思う。

だけど、自分の知っている人については避ける。

「こう言ってたわよ、ああ言ってたわよ」

そういうややこしい話題に巻き込まれることになりかねないので。

でも、いつもそんな話題から抜け出ていると、「あなたって、いつも上の空なのね」なんて。あまり話がかみ合わないとまずいかも？

そんなわけで、まあ、お付き合いはちょっとややこしい面があるけれど。

それこそ、「あの人って、よくわからないわね」と噂されていればＯＫじゃないかしら。

相手のいいところだけを見る

お友達の好き嫌いとか、仲がいいとか悪いとかってありますよね。
クラスでも、「あの人、嫌だ」とか。
どうしてもソリの合わない人たちっているじゃない？
そういう人にはどう接したらいいんだろう。
こんな話を聞いたことがある。
なぜ真珠は、あんなに深みのある艶が出るのかという話なんだけど。
真珠は、海の中で美しい水にさらされているだけじゃない。海の中はいろんな異物が混じっている。それらに揉まれているからこそ輝くのだと。

つまり真珠の輝きって、異物があるからこそ出るらしいのよ。

嫌いなお友達を避けていたら、キリがないわけでしょ。

自分がなんでも正しいと思うクセのある人っていると思う。

それはもうどうしようもない。

だから人に欠点があったら、

「いや～、自分じゃ気がつかないけど、私自身にも欠点があるんだからしょうがない」

というふうに考えてみる。

どんな人も、必死になって探すといいところがあるものよ。

いいところだけ見るようにトレーニングしてみると、いわゆる「発見の喜び」ということで、思わずニッコリできますので。

嫌な人も嫌な言葉も「トレーニング」

いま私の中で、「トレーニング」っていう言葉がキーワードなんです。
なんでもトレーニングなんだなあって。
トレーニングだと思えば大体やり過ごせるのね。
すごく嫌な人がいて、皮肉を言われたり、傷つくことを言われたとするでしょ。
これって誰にでもよくあることね。嫌な言葉に引きずられたりするって損だと思う。
そんなとき、私はそれって一つのトレーニングだと思うことにしてるの。

無理に我慢せずに、自分をなだめる。

自分にもコーチがついていて、

「ほらほら、これはトレーニングだよ。嫌味なんか言ったりする人は、幸せじゃないからなんだよ」

そんなふうに言ってくれる。素晴らしいコーチが伴走してくれてるの。

いっぱい耳元でアドバイスしてくれる。それで大丈夫。ありがたいことです。

あなたも自分の歴史を楽しんでみて

最近気がついたことがあるんです。
当たり前なんだけど、女の人って、瑞々しいときは素敵なんですよね。
でも、ちょっと乾き始めた頃っていうのは、私的にはなんだか味わい深いの。
鑑賞しやすいって言うのかしら。
その頃から差がついてくるんですね。
工夫が好きな人と、そのままだらんとなっちゃう人と。
そこから面白みや味が出てくるような。

私自身は、年をとっても二〇代に見られたいとか、そういう不自然なことはぜんぜん思わないの。

アンチエイジング？　それって、美容関係のお金儲けのお手伝いをしてる感じ？

若い時代はいろいろと夢見る青春だったわけだから、そうじゃない時代に入ったら、現実を生きたほうがいいと思う。

だけど、シワを取ったりするのはその人の好み。価値観はみんな違うから、それはそれでいいと思う。

まあ、私は勝手に思うんですけれど、その年の価値っていうものをいさぎよく受け止めたほうがいい気がします。

子供のときに、社会科で歴史の年表を作ったでしょ。

安土桃山時代をピンクに、何々時代を緑色にとか、色を塗ったと思うの。

そういうふうに、いよいよ私は何時代に入ってきたとかね。

自分の歴史を客観的に楽しんでみては？　なんて考えています。

〈あとがき〉

「おしゃれなおばあさんになる本」というタイトルなので
いくらか責任を感じています。
編集の本田さんの質問にいろいろお答えして
そのおしゃべりをもとに書きました。
おばあさんのおしゃれって、何でしょうっ。
よく、男っぷりとか女っぷりとかいいますね。
おばあさんっぷりって、いかがでしょう。
心意気というか、ハナ息というか(笑)
ともかく、もう、ここまで来たら
おばあさんっぷりよく、くらしたいです。そしてときどき
おばあさんと、　おちゃめな少女時代を往ったり来たり
ワープさせて。

田村セツコ
SETSUKO♡

ともだちの おかあさまは 91才。ある日、
「わたしをジャックと呼んで」と宣言。ジャックは
最近、
岩波ジュニア新書がお気に入り。
「ナイチンゲール」を読んで、ひきつづき
「ガリレオ」「アインシュタイン」へと、読みすすむご予定です。

さて、
いったい、何才かわからない
貴婦人と、少年がまざっているような、すてきな女
♡ふしぎな黒柳徹子さんに、オビのお言葉を
いただき、また、
☆人気スゴ腕デザイナー鈴木成一さんにカバーを
デザインしていただき、とても光栄に存じて
おります。本当に、ありがとうございました!!

おしゃれなおばあさんになる本

二〇一七年二月一五日　初版第一刷発行

著者　田村セツコ
発行者　笹田大治
発行所　株式会社興陽館
郵便番号一一三-〇〇二四 東京都文京区西片一-一七-八 KSビル
電話〇三-五八四〇-七八二〇　FAX〇三-五八四〇-七九五四
URL http://www.koyokan.co.jp
ブックデザイン　鈴木成一デザイン室
編集協力　新名哲明
編集補助　宮壽英恵
編集人　本田道生
印刷　KOYOKAN,INC.
製本　ナショナル製本協同組合

　ISBN978-4-87723-207-8　C0095